高等教育与数字经济发展的互动实践

王斯克 周 黎 苏志炯 ◎著

中国书籍出版社

图书在版编目（CIP）数据

高等教育与数字经济发展的互动实践 / 王斯克, 周黎, 苏志炯著. -- 北京：中国书籍出版社, 2024.11.
ISBN 978-7-5241-0016-4

Ⅰ. G64-39；F492

中国国家版本馆 CIP 数据核字第 2024433UV7 号

高等教育与数字经济发展的互动实践

王斯克　周　黎　苏志炯　著

图书策划	邹　浩
责任编辑	杨　莹
责任印制	孙马飞　马　芝
封面设计	博健文化
出版发行	中国书籍出版社
地　　址	北京市丰台区三路居路 97 号（邮编：100073）
电　　话	（010）52257143（总编室）　　（010）52257140（发行部）
电子邮箱	eo@chinabp.com.cn
经　　销	全国新华书店
印　　厂	廊坊市博林印务有限公司
开　　本	710毫米×1000毫米　1/16
印　　张	13
字　　数	215千字
版　　次	2025 年 4 月第 1 版
印　　次	2025 年 4 月第 1 次印刷
书　　号	ISBN 978-7-5241-0016-4
定　　价	78.00元

版权所有　翻印必究

前　言

在当今全球化和数字化的时代背景下，高等教育与数字经济的互动日益紧密，成为推动社会经济发展的重要力量。高等教育通过科学研究和技术创新，为数字经济的持续发展提供了智力支持。高校作为科研创新的重要平台，汇聚了大量优秀人才和先进设备，能够针对数字经济领域的核心技术进行深入研究，推动技术创新和产业升级。数字经济在推动高等教育高质量发展的同时，也对高等教育产生了深刻的影响和反哺作用，为高等教育提供丰富的教学资源和工具，提高教学质量，使得高等教育更加普及和便捷。未来，随着数字经济的持续发展和高等教育的不断改革与创新，两者之间的互动将更加紧密、深入，共同推动社会经济的繁荣与发展。

本书内容涵盖高等教育在数字经济时代的多个方面，从数字化转型的思考到课程与教学的改革，再到产教融合与创新创业教育的探索，以及高等教育国际化的新思考，最后面向新质生产力的高等教育发展进行了深入剖析。每一章节都力求理论与实践相结合，既有对当前高等教育现状的深刻反思，也有对未来发展趋势的前瞻性探讨。

本书注重系统性、逻辑性和创新性。系统性体现在全书结构的严谨上，从绪论到各章节的展开，层层递进，环环相扣。逻辑性体现在对每个观点的分析上，力求条理清晰，论证充分。创新性是本书的一大亮点，不仅体现在对高等教育与数字经济互动关系的新颖见解上，还体现在对高等教育未来发展路径的独特思考上。

笔者在写作过程中，得到许多专家学者的帮助和指导，在此表示诚挚的谢意。由于笔者水平有限，书中所涉及的内容难免有疏漏之处，希望各位读者多提宝贵意见，以便笔者进一步修改，使之更加完善。

目 录

▶ 绪论 ·· 1
　一、高等教育及其运行规律 ·· 1
　二、数字经济时代的来临及影响 ·· 6

▶ 第一章　高等教育数字化转型的思考 ································· 14
　第一节　数字化转型与高等教育的关系 ································· 14
　第二节　高等教育数字化转型的关键流程 ····························· 20
　第三节　高等教育数字化转型的实现路径 ····························· 25
　第四节　高等教育数字化转型中的云平台构建 ······················· 29

▶ 第二章　数字经济时代高等教育的课程与教学改革 ············· 37
　第一节　高等教育数字教材发展现状与优化 ························· 37
　第二节　高等教育课程现代化的动因及路径 ························· 48
　第三节　数字技术赋能高等教育教学模式变革 ····················· 61
　第四节　高等教育评价的数字化转型逻辑与策略 ·················· 66

▶ 第三章　产教融合与数字经济的协同发展研究 ··················· 75
　第一节　产教融合理论框架及影响因素 ······························ 75
　第二节　数字经济时代产教融合创新应用型人才培养 ············ 86
　第三节　数字经济时代产教融合协同培养复合型人才 ············ 93
　第四节　数字经济时代基于产教融合的教学管理创新 ············ 99
　第五节　基于生态圈的工业互联网产教融合共同体构建 ······· 103

第四章　数字经济时代创新创业教育的改革创新 …………… 109

第一节　创新创业教育的理论审视 …………………………… 109
第二节　数字经济时代创新创业教育改革思路 ……………… 119
第三节　数字经济时代创新创业教育的发展路径 …………… 120
第四节　工商管理人才创新创业教育改革的探索 …………… 127

第五章　数字经济时代高等教育的国际化发展 ………………… 137

第一节　高等教育国际化的目标愿景与现实挑战 …………… 137
第二节　数字技术赋能高等教育在地国际化的新思考 ……… 142
第三节　数字时代高等教育国际化的空间建构与风险治理 … 149
第四节　数字时代高等教育国际化的新路向——虚拟国际化 …… 156

第六章　数字经济下面向新质生产力的高等教育发展 ………… 165

第一节　数字经济赋能新质生产力发展 ……………………… 165
第二节　新质生产力对高等教育发展提出的新要求 ………… 185
第三节　高等教育服务发展新质生产力的要点分析 ………… 188
第四节　面向新质生产力的高等教育发展挑战与应对 ……… 191

参考文献 …………………………………………………………… 197

绪　　论

一、高等教育及其运行规律

(一) 高等教育的目的

高等教育目的就是人们在进行教育活动之前，对于教育活动结果的一种预计和设想，是培养人的质量规格标准的总要求。学校教育都有比较明确的教育目的。一般而言，学校教育可以比较恰当和有效地把社会发展对人的发展的要求转化为教育要求和学生自身的发展要求，并根据学生发展的水平及发展的特点和规律，为其预设进一步发展的质量和规格，体现了一种教育理想。高等教育目的是教育活动的出发点和归宿，是衡量教育活动成效的基本标准。任何教育活动在影响学生发展方面都有自己的目的，都有自己的价值取向，都有自己要把学生培养成怎样质量规格的人的预期要求，但相对而言，学校教育的教育目的更为明确、更为一致、更为一贯，这是学校教育在引导和促进学生发展方面更为有效的重要原因。

从宏观的角度来划分，"一般把高等教育目的划分为四个层面，一个是国家层面，一个是高等教育层面，一个是高校层面，一个是专业层面"[①]。我国高等教育的目的是从国家层面的角度来制定的。"由国家确定的高等教育目的可以分为指令性高等教育目的和指导性高等教育目的。指令性高等教育目的是指以法律法规的形式赋予高等教育目的以法律效力，高等教育机构和教师必须执行；指导性高等教育目的是指由教育主管部门提出的高等教育目的，对高等教育机构与教师仅具有建议性质。我国的高等教育目的属于指令性高等教育目的"[②]。

从微观的角度即高等教育内部系统来划分，高等教育的目的主要是指从事高

[①] 单鹰. 高等教育原理论 [M]. 北京：教育科学出版社，2008：155.
[②] 王志彦. 对我国高等教育目的的思考 [J]. 长春工业大学学报（高教研究版），2009 (2)：4.

等教育工作的教师们的目的,包括教育行政工作者、各级各类研究人员及教师等,他们希望通过经过一个阶段的高等教育过程以后,使学生能达到他们在心理、技能和人格特征等各个方面所设想的预期效果。当然,学生及家长以及从事高等教育的人员和机构,如有关高等教育法律的起草和制定者,与高等教育有关的各种社会利益集团等,在一定程度上也会影响高等教育目的的制定,有时甚至起着决定性的影响。近年来,鉴于以往高等教育目的的内容过多地关注社会及国家的利益,人文关怀色彩较淡,特别是高等教育目的关注学生的全面发展和个性发展不够,国家也越来越重视高校、社会在高等教育目的制定过程中的参与度,未来高等教育目的的制定将会更加科学和合理。

(二) 高等教育的功能

高等教育的功能就是高等教育所具有的功效以及能够发挥这种功效的能力的总称。简言之,就是高等教育对人类社会发展和人的发展所能够起到的作用。当然,教育的功能是多方面的。从作用的对象看,教育功能可分为个体功能和社会功能;从作用的方向看,教育功能可分为正向功能和负向功能;从作用的呈现形式看,教育功能可分为显性功能和隐性功能。甚至还可以据此进行多维度的复合分类。

众所周知,教育最基本的功能不外乎两个方面:教育的个体发展功能和教育的社会发展功能。即教育促进人的发展和教育促进社会的发展。高等教育作为教育的一个子系统,也具有促进人的发展和促进社会发展这两项基本功能。

1. 高等教育的个体功能

高等教育的个体功能是高等教育对个人所起的作用,也就是高等教育要促进个人的身心发展。高等教育正是在对每一个人施加影响,满足每一个人的求知欲望,帮助实现每一个人的目标的过程中和基础上,体现着其功能和价值。"在高等教育的功能体系中,个体功能是其最基础的功能"[①]。

(1) 促进个人掌握知识。教育的基本功能是传授知识、发展能力。高等教育

---

① 钟玉海. 高等教育学 [M]. 合肥:合肥工业大学出版社,2009:34.

在促进人的发展中，传授知识、发展能力是其最基本的价值。接受高等教育意味着个人知识量的增长和知识结构的完善。在大学环境里和教师的指点下，学生能够以较少的时间获得人类长期积累的大量知识，这是非高等教育环境里的人在等量时间里难以企及的。而且高等教育能使人的知识结构更完善，与中等教育、初等教育相比，高等教育传授的知识更高深、系统和深刻；另外，高等教育更注重专业知识的教学，因此，它使学生个体的知识结构更为完善。同时，高等教育还促进个人智力的迅速发展和能力的不断提高。因为知识与能力是紧密联系在一起的，而且经过高等教育阶段的学习，个人会形成符合自己特点的学习方法，具有较强的学习能力，终身受用。

（2）提升个人精神境界。大学一直被赋予崇高的社会地位，提高个人文明素养始终是高等教育功能体系中重要的组成部分。在培养大学生文明素质中发挥很大作用的不仅是大学中设置的课程与安排的一些活动，更有大学的精神氛围和独特的校园文化等潜在因素。大学的精神氛围和校园文化与社会上其他一些机构的精神氛围相比，更具有求真、创新、文明程度高的特点，这些潜移默化的影响对人的一生都是丰富深刻和持续绵长的。

（3）激发与增强个人创新能力与批判性思维。高等教育鼓励学生勇于探索未知、敢于挑战传统，通过参与科研项目、学术讨论、创意实践等活动，激发学生的创新思维和批判性思考能力。在高等教育的过程中，学生被鼓励提出问题、质疑现有观点，并学会通过科学研究的方法来验证和解决这些问题。这种创新能力和批判性思维的培养对于个人在社会中的竞争力以及推动社会进步具有重要意义。

（4）促进个人社会化发展与提升社交技能。大学校园是多元文化的交汇地，学生在这里不仅学习专业知识，还学会如何与人合作、沟通、领导和管理。高等教育通过丰富的社团活动、志愿服务、社会实践等多种方式，为学生提供锻炼和提升社交技能的广阔舞台。在这里，学生需要学会与不同背景、不同观点的人有效沟通和协作，这些社会技能对于个人成长为成熟的社会成员至关重要。

（5）拓宽个人视野与提供多元化的发展机遇。高等教育为学生提供了更广阔的视野，让他们有机会接触到不同的文化、思想和观念。通过与国际学生交流、参与跨国合作项目、学习外语等方式，学生的全球意识和跨文化交流能力得到显著提升。同时，高等教育也是通往更高职业平台和更多人生选择的重要途径。通过接受高等教育，个人能够获得更多的专业资格认证、实习机会和就业渠道，为自己的职业发展打下坚实的基础。此外，高等教育还为学生提供了丰富的课外活动和社团组织，使他们能够在兴趣爱好和个人特长方面得到充分的发展和展示机会。

2. 高等教育的社会功能

高等教育的社会功能，从根本上说，是其在推动社会发展方面所发挥的独特作用，而这一作用的核心在于对学生这一特定对象的培养与塑造。高等教育不仅是一个教育过程，更是一种通过全面培养学生来推动社会整体进步与发展的深层次机制。

（1）高等教育的政治功能。高等教育的政治功能不仅体现在对学生基本政治知识的传授上，更在于深入塑造学生的政治素养和公民意识。通过系统的政治理论教育、法律课程以及公民道德教育，高等教育帮助学生建立起正确的政治观念，使他们能够深刻理解政治体系的重要性和运作机制。同时，高等教育还积极鼓励学生参与政治实践和社会活动，如模拟选举、政治辩论等，从而培养他们的公民责任感和政治参与能力。这些经历不仅使学生在校期间就能对政治有深入的了解和体验，也为他们未来在社会中扮演积极的政治角色打下坚实的基础。

（2）高等教育的经济功能。高等教育的经济功能不仅仅局限于培养高级人才，更在于全面提升学生的经济素养和创新能力，使他们成为经济增长的重要驱动力。通过提供系统的专业知识、实践训练和创新创业教育，高等教育使学生掌握先进的科学技术和管理理念，具备解决复杂经济问题的能力。这些学生在毕业后，能够将所学知识应用于实际工作中，推动技术创新和产业升级，提高劳动生产率，为社会经济发展做出积极贡献。同时，高等教育还注重培养学生的创业精神和商业素养，使他们具备创办和管理企业的能力，进一步推动经济的增长和发展。

（3）高等教育的文化功能。高等教育的文化功能不仅在于传承和保存文化，更在于鼓励学生对文化进行创新和传播。首先，高等教育通过课程设置和教学活动，向学生传递人类积累的文化遗产，使他们成为文化的传承者和守护者。学生不仅学习传统文化，还通过与现代文化的对比和融合，形成对文化的全面理解。其次，高等教育积极鼓励学生进行文化创新，培养他们的批判性思维和创造力。通过参与科研项目、艺术创作和文化活动，学生能够推动文化的更新与发展，为社会的进步提供源源不断的文化动力。最后，高等教育还注重培养学生的文化传播能力，使他们能够将所学文化知识应用于社会实践中，推动文化的交流与融合。学生成为文化的使者，将所学文化传递给更广泛的社会群体，促进文化的多样性和包容性。

（三）高等教育的运行规律

高等教育的运行规律是一个复杂而多维度的概念，它涉及高等教育的内部结构、外部环境以及两者之间的相互作用。为了全面而深入地探讨这一议题，需要从多个角度进行分析和综合。

首先，高等教育的运行规律体现在其内部结构的优化与调整上。高等教育作为一个相对独立的社会子系统，其内部包含着丰富多样的元素和关系，如学科专业、课程体系、教学方法、科研活动、学生管理等。这些元素和关系在不断地进行优化与调整，以适应社会发展的需要和人才培养的要求。例如，随着科技的飞速发展和新兴产业的不断涌现，高等教育需要不断地调整和更新学科专业，以适应市场对人才的需求。同时，教学方法和课程体系的改革也是高等教育内部结构调整的重要方面，它们旨在提高教学质量和学生的学习效果。

其次，高等教育的运行规律还体现在其与外部环境的互动与适应上。高等教育不是孤立存在的，而是与社会经济、政治、文化等外部环境紧密相连。外部环境的变化对高等教育产生着深远的影响，而高等教育也需要不断地与外部环境进行互动和适应，以保持其活力和竞争力。例如，社会经济的发展对高等教育的人才培养质量和规格提出了更高的要求，这促使高等教育不断地进行教学改革和科研创新。同时，政治环境的变化也会对高等教育产生影响，如政策调整、法规制定等都会对高等教育的运行产生直接或间接的影响。

最后，高等教育的运行规律还涉及其内部结构与外部环境之间的相互作用。

这种相互作用是双向的、动态的，既包括高等教育对外部环境的适应和响应，也包括外部环境对高等教育的制约和影响。在这种相互作用中，高等教育需要不断地进行自我调整和创新，以保持与外部环境的协调和平衡。例如，面对全球化的趋势和挑战，高等教育需要加强与国际社会的交流与合作，提高自身的国际化水平和竞争力。同时，高等教育也需要关注国内社会的需求和变化，积极地为社会经济发展提供人才支持和智力保障。

总之，高等教育的运行规律是一个复杂而多维度的概念，需要全面地考虑各种因素和关系，并深入地分析它们之间的相互作用和影响。只有这样，才能更好地理解和把握高等教育的本质和规律，为推动高等教育的改革与发展提供有力的理论支持和实践指导。

二、数字经济时代的来临及影响

数字经济是以数字化的知识和信息作为关键生产要素，以现代信息网络与数字平台为重要载体，通过相关数字技术的有效应用，推动传统领域的数字化转型与升级，进而实现价值增值和效率提升。

（一）数字经济的认知

数字经济是以数字技术创新为核心驱动力，并通过与传统产业融合、渗透，促进传统产业数字化、自动化与智能化水平不断提高，从而加速经济升级与社会转型的经济形态。

1. 数字经济是一种经济社会形态，也是一种技术经济范式

数字经济是继传统的农业经济与工业经济之后的一种经济社会形态，在基本特征、运行规律、相关理论等维度与传统的农业经济和工业经济相比出现了根本性变革。所以对数字经济的认识，也需要站在人类经济社会形态发展的历史长河中，不断拓宽视野、范围和边界，才能认清其对经济社会的系统性、革命性和全局性影响。此外，作为一种技术经济范式，数字技术具有基础性、网络性和外溢性等特征，不但会推动经济效率的大幅提升，促进社会阶跃式变迁，社会成本大幅度降低，给人们的生活带来极大的便利，甚至会彻底对整个经济与社会进行重

塑，使人们的行为方式也发生彻底的变革。

2. 数字经济是信息经济发展的高级阶段

数字经济的内涵较为丰富，既包括以非数字化的知识和信息驱动的信息经济低级阶段，也包括以数字化的知识和信息驱动的信息经济高级阶段，二者共同构成信息经济。而数字经济属于信息经济发展的高级阶段，特别是随着未来非实物生产要素的数字化成为不可逆转的历史趋势，数字经济也必将成为未来信息经济的发展方向。而信息化、数字化仅仅是经济发展的一种重要手段，所以数字经济除了包括数字化等手段外，还包括建立在数字化基础上所产生的经济转型升级和社会形态的彻底变革等数字化发展的结果。

（二）数字经济的相关概念

20世纪90年代以后，信息技术对整个社会产生的影响随着科技发展的脚步逐步加深，而人们对信息技术融入经济与社会这一过程的定义，在不同的发展阶段产生了不同的概念。除了早期的"信息经济"和近年的"数字经济"外，还存在网络经济、知识经济等概念。这些概念产生于数字经济发展的不同阶段，分别反映出不同时期人们对信息技术引起的社会变革的不同角度的理解。这些概念在定义和内涵上有细微的差别，但它们都是在描述信息技术对人类社会经济活动产生的影响与革新。

1. 信息经济

信息经济是以现代信息技术等高科技为物质基础构建起来的新型经济形态。在这个经济形态中，信息产业起着绝对的主导作用，是经济增长的重要引擎。信息经济不仅仅是关于信息的传递和处理，它更深层次地涉及知识、智力的集成和应用。

与信息经济紧密相关的是数字经济，但两者之间存在微妙的差异。数字经济是一个更为宽泛的概念，它覆盖了所有通过数字技术与信息网络推动的经济活动。相比之下，信息经济更注重于信息的生产、传递和利用。简而言之，信息经济是数字经济的一个重要子集，它聚焦于信息的价值创造和流转。

为了更好地理解这两者的关系，可以观察一些具体的实例。例如，在线新闻媒体和网络教育平台，它们主要通过提供高质量的信息内容或服务来创造价值。这些平台利用现代信息技术，如大数据分析、云计算等，高效地生产和传播信息，从而实现了价值的最大化。这就是典型的信息经济领域的应用场景。

同时，这些领域在数字经济中也具有举足轻重的地位。它们的成功运作不仅推动了信息产业的快速发展，也为数字经济的繁荣做出了重要贡献。在线新闻媒体通过实时报道、深度分析等信息服务，满足了公众对信息的需求，进而促进了信息的流通和消费。网络教育平台则通过提供个性化的学习资源和学习路径，打破了传统教育的时空限制，让更多人有机会接受高质量的教育。因此，可以说信息经济是数字经济不可或缺的一部分，它们之间相互促进，共同推动着现代社会的经济进步。

2. 网络经济

网络经济是由计算机网络技术催生的新经济形态，它依托于互联网的广泛连接和信息的高速传递，使得商业活动得以跨越地理界限，实现全球化和虚拟化。在这种经济形态中，信息的流通成为商业活动的核心，而互联网技术则为其提供了坚实的支撑。

与数字经济相比，网络经济的侧重点略有不同。数字经济是一个更为宽泛的概念，它以数字技术为基础，涵盖了网络技术、大数据技术、云计算、人工智能等多种技术。而网络经济则更专注于网络技术和网络平台的应用，强调互联网在商业活动中的核心作用。

以电商平台为例，它们利用互联网技术，将买家和卖家紧密地连接在一起，打破了传统的商业模式。通过这些平台，消费者可以轻松地浏览和购买全球各地的商品，而商家也能将产品销往世界各地。这种基于互联网的商业模式不仅提高了交易的效率，还极大地拓展了商业活动的范围。

网络经济的崛起，使得商业活动的边界逐渐模糊，全球化的趋势愈发明显。同时，它也催生了大量的新兴职业和产业，如网络营销、电子商务等，为社会经济的发展注入了新的活力。可以说，网络经济是数字经济时代的重要组成部分，它将继续引领着商业模式的创新和变革。

此外，随着网络技术的不断进步和应用领域的拓展，网络经济的内涵和外延也在不断丰富和扩展。随着 5G、物联网、区块链等新技术的广泛应用，网络经济将迎来更加广阔的发展空间，为全球经济的持续增长提供强有力的支撑。

3. 知识经济

知识经济是以知识为核心资源的经济形态，它凸显了知识在生产、分配和使用环节中的至关重要性。在这种经济形态下，知识和智力资本成为推动经济增长和社会发展的关键要素。与数字经济相比，知识经济更聚焦于知识和智力资本的价值创造过程。

数字经济则是一个更为宽泛的概念，它以数字技术为驱动力，涵盖了包括知识经济在内的多个领域。简而言之，知识经济可以被视为数字经济的一个重要组成部分，但数字经济不仅仅局限于知识的生产和应用。

高科技企业和研发机构等组织，无疑是知识经济的典型代表。这些组织通过不断的创新和技术研发，不仅推动了科技的进步，也为社会经济的发展注入了新的活力。以硅谷为例，那里汇聚了众多高科技企业，它们通过技术创新和产品研发，不断引领着全球科技发展的潮流。同时，这些高科技企业和研发机构在数字经济中也扮演着举足轻重的角色。它们的创新成果和技术应用，是推动数字经济发展的重要力量。无论是云计算、大数据还是人工智能等前沿技术，都离不开这些企业和机构的研发与推广。

（三）数字经济的特点

数字经济作为一种有别于农业经济和工业经济的新型经济形态，其呈现出一些传统经济所不存在的独有特点，具体表现在以下方面：

1. 数字化

数字化不仅仅是一个简单的转换过程，它将复杂多变的信息，无论是文字、图像、声音还是其他形式的数据，都巧妙地转化为可以精确度量和计算的数字、数据。这一过程，将原本抽象、难以捉摸的信息，赋予了可量化的形式。这些转化后的数字和数据，就像是信息的"骨架"，支撑起了整个信息系统的运作。基于这些数据，可以建立起适当的数字化模型，进一步将其转变为一系列二进制代码。这些代码，就像是信息的"DNA"，携带着原始信息的所有特征和属性。

在数字经济时代，数据已经超越了其原始的信息载体角色，成为一种全新的生产要素。它的重要性不亚于传统的土地、劳动力和资本。数据不仅记录了过去的交易和行为，更能预测未来的趋势和走向。在这样的背景下，企业纷纷开始运用数字化手段来优化生产流程、提升管理效率、精准营销等。例如，在制造业中，企业通过引入数字化生产线，可以实时监测生产过程中的各项数据，从而及时调整生产策略，提高生产效率和产品质量。这不仅降低了生产成本，还大幅提升了产品的市场竞争力。

2. 智能化

在数字经济中，智能化展现出了其独特的价值和影响力，这种影响力主要体现在两大层面。

智能化通过精妙的算法和深入的数据分析，巧妙地模拟了人类的判断和决策过程。这种模拟不仅提高了经济活动的效率和准确性，更在一定程度上规避了人为因素可能带来的风险和误差。想象一下，在复杂的金融市场中，智能算法能够迅速分析海量数据，为投资者提供更为精准的投资建议，这无疑大幅提升了投资的回报率和安全性。

智能化还体现在利用先进的智能设备和系统来替代传统的人力进行生产和服务。这种替代不仅降低了人力成本，更在效率和质量上实现了质的飞跃。以零售行业为例，通过智能化的客户数据分析，企业可以更加精准地洞察消费者的需求和偏好，从而为消费者推荐更加符合其需求的产品。这种个性化的推荐系统不仅提高了销售额，更在一定程度上提升了消费者的购物体验，实现了双赢的局面。

3. 平台化

在数字经济的汹涌浪潮中，平台化成为一种显著的发展趋势。所谓平台化，便是借助先进的互联网技术，将原本分散、独立的资源和服务进行有机的融合，集成为一个综合性的服务平台。这种模式的出现，极大地改变了传统经济模式下的资源配置和服务提供方式，使得用户能够在一个统一的界面上，轻松获取到多样化的服务，从而极大地提升了用户体验。

在数字经济的大环境下，平台化经营模式已经逐渐成为行业的主流趋势。以电商平台为例，它们通过高效的物流体系和支付系统，将各式各样的商品和服务资源进行整合，为消费者打造了更加便捷的购物环境。消费者只需轻点鼠标，就能浏览到海量的商品信息，享受到从选购到支付，再到收货的一站式购物体验。这不仅节省了消费者的时间和精力，也大大提高了购物的效率和满意度。

在线教育平台将世界各地的优质教育资源汇集在一起，为学子们提供了突破时空限制的学习环境。学生们可以根据自己的学习需求和兴趣，在平台上自由选择课程和老师，享受到个性化的学习服务。这种教育资源的整合和共享，不仅扩大了学生的选择范围，也提高了教育资源的利用效率。

总的来说，平台化作为数字经济的一种重要表现形式，正在以其独特的优势和魅力，深刻地影响着我们的生活和工作方式。它通过将各种资源和服务进行有效整合，为用户带来了前所未有的便利和高效体验。

4. 共享化

在数字经济蓬勃发展的时代背景下，共享化成为一种新兴的经济模式，逐渐渗透到我们生活的各个方面。共享化，即通过互联网等高科技手段，达成资源的共享与高效利用，旨在最大化地提升资源的价值。

数字经济中的共享经济模式已经得到了广泛的实践与应用。以共享单车为例，这一创新模式的出现，极大地便利了市民的日常出行。在城市的每个角落，人们只需通过手机上的应用，便能迅速找到附近的共享单车，轻松扫码使用。这不仅有效解决了城市交通"最后一公里"的难题，更在无形中减少了私家车的使用，从而缓解了交通拥堵，降低了汽车尾气排放，为城市的绿色发展贡献了一份力量。同时，共享汽车也逐渐在各大城市兴起。与传统的租车服务相比，共享汽车更加便捷、经济，它使得没有购车需求的市民也能轻松享受到自驾的乐趣，而且无需担心停车、保养等问题。这一模式的推广，不仅优化了出行方式，也有效地减少了汽车资源的闲置和浪费。

此外，在办公领域，共享办公空间的概念也逐渐被大众所接受。这种新型的办公模式为企业提供了更加灵活和高效的办公环境。企业可以根据自身的需求，灵活租赁办公空间，无需长期承担高昂的租金和物业费用。这不仅降低了企业的运营成本，也促进了企业之间的交流与合作。

5. 跨界融合

在数字经济时代，随着科技的飞速发展和市场需求的不断变化，行业之间的传统边界正逐渐变得模糊，跨界融合成为一种新的发展趋势。这种融合让原本看似不相关的行业开始相互渗透、交融，从而催生出全新的商业模式和创新机遇，为市场注入了新的活力。

跨界融合在各行各业中均有体现，尤其在医疗和文化娱乐领域表现尤为突出。在医疗行业中，跨界融合的力量正在重塑我们对健康和医疗的认知。随着大数据和人工智能技术的深入应用，医疗行业迎来了前所未有的变革。这些技术使得医生能够根据患者的个体数据，实现更为精准的医疗诊断和治疗方案的制订。这不仅提高了医疗服务的效率和质量，还为患者带来了更加个性化的医疗体验。

在文化娱乐行业，跨界融合同样展现出了巨大的潜力。虚拟现实（VR）技术的引入，为观众带来了前所未有的沉浸式娱乐体验。通过佩戴 VR 设备，观众仿佛置身于另一个世界，能够身临其境地感受电影、游戏等娱乐内容带来的刺激。这种全新的娱乐方式不仅丰富了人们的精神文化生活，还为文化娱乐行业带来了新的商业机会。

总的来说，跨界融合正成为数字经济时代的重要推动力。它不仅带来了新的商业模式和创新机会，也推动了相关产业的升级和转型。未来，随着科技的不断进步和市场需求的持续变化，跨界融合将在更多领域展现出其强大的生命力和广阔的发展前景。

（四）数字经济的影响

数字经济作为 21 世纪最具影响力的经济形态，正以前所未有的速度和规模重塑着全球经济结构与社会生活。其以数据资源为核心生产要素，以现代信息技术为主要驱动力，通过数字技术与实体经济的深度融合，引发了生产方式、生活方式乃至思维方式的根本性变革。

在生产领域，数字经济极大地提升了生产效率与创新能力。数字化、网络化、智能化的生产方式使得生产流程更加优化，资源配置更加高效。企业通过大数据、云计算等先进技术，能够更精准地把握市场需求，实现个性化定制与柔性化生产。同时，数字经济还促进了新技术、新业态、新模式的不断涌现，为经济增长注入了新的活力。

在消费领域，数字经济带来了消费体验与消费模式的革命性变化。电子商务、移动支付、共享经济等新型消费模式的兴起，使得消费者能够更加方便快捷地满足多样化、个性化的消费需求。数字经济的蓬勃发展也催生了大量新兴服务业态，进一步丰富了消费市场的供给。

在就业与创业方面，数字经济为劳动者提供了更多元化的就业选择与创业机会。数字平台的兴起使得远程工作、灵活就业成为可能，降低了创业门槛与成本。同时，数字经济还催生了大量新职业，如数据分析师、网络营销师等，为劳动力市场注入了新的活力。

在社会治理方面，数字经济推动了政府治理模式的创新与公共服务水平的提升。数字化技术的应用使得政府能够更高效地收集、处理与分析社会信息，实现精准施策与科学决策。同时，数字经济还为公共服务提供了更多便捷化、智能化的解决方案，如智慧医疗、智慧教育等，极大地提升了民众的生活质量与幸福感。

然而，数字经济的发展也带来了诸多挑战与问题。如数据安全与隐私保护、数字鸿沟的加剧、劳动力市场的不稳定等。因此，在享受数字经济带来的巨大红利的同时，也应积极应对其带来的挑战与问题，通过制定完善的法律法规、加强技术创新与人才培养等措施，推动数字经济的健康可持续发展。

第一章 高等教育数字化转型的思考

▶ 第一节 数字化转型与高等教育的关系

数字化转型是当今世界各国加紧部署的一个关键的现代化发展战略。数字化转型是指人们利用信息技术来改造自身或机构的业务，通过推广数字化流程来取代非数字化或人工作业流程。当今时代，数字化技术已成为高等教育高质量发展的新引擎。为了保证高等教育数字化转型能够真正落地，需明确数字化转型的目的，数字化转型在科技变革中所处的位置，高等教育数字化转型的核心要义，这就要求人们深刻认识数字化转型的本质，加深对高等教育数字化转型的认知。

在当今快速发展的信息时代，数字化转型已成为各行各业追求创新与发展的关键路径。深入探讨数字化转型的定义、内涵，以及从信息化到数字化的演进过程，对于理解其核心理念与目标具有至关重要的意义。

一、数字化转型的认知

数字化转型是指企业、组织或社会利用数字技术彻底改变其运营方式、生产流程、服务模式以及与客户互动的方式。这一过程不仅涉及技术的革新，更包括思维方式、组织架构和业务流程的全面重塑。数字化转型的核心在于通过数据驱动决策，实现资源的优化配置和效率的显著提升，从而创造新的价值。

数字化转型的内涵丰富多样，它涵盖云计算、大数据、人工智能、物联网等一系列先进技术。这些技术不仅为企业提供了前所未有的数据处理能力，还使得企业能够更深入地了解客户需求，实现个性化服务和定制化生产。同时，数字化转型也推动了企业组织结构的扁平化和决策过程的智能化，使得企业能够更快速地响应市场变化，提升竞争力。

数字化转型并非一蹴而就，而是经历了从信息化到数字化的逐步演进。信息化阶段，企业主要关注于利用信息技术提升业务效率，如引入 ERP 系统、办公自动化等。这一阶段的核心是提升信息处理和传递的速度与准确性，但并未触及企业核心业务流程的深刻变革。

随着技术的不断发展和市场环境的日益复杂，企业开始意识到仅仅依靠信息化已难以满足日益增长的竞争需求。于是，数字化转型应运而生。在数字化阶段，企业不再满足于简单的信息技术应用，而是致力于通过数字技术重塑业务模式、创新产品和服务、优化客户体验。这一阶段的核心是利用数据驱动决策，实现业务流程的全面优化和价值创造。

数字化转型的核心理念在于以数据为核心资源，通过技术的创新和应用推动业务的全面变革。它强调数据的价值，认为数据是企业最重要的资产之一，只有深入挖掘和利用数据价值，才能实现业务的持续增长和创新。

数字化转型是新时代科技革命的发展方向，各行各业、各种组织都通过各种方式探索数字化转型。高等教育是一个需要科技支撑的行业，数字化转型与高等教育存在密切的联系。

二、数字化转型对高等教育的促进作用

（一）数字化转型对高等教育资源配置的影响

数字化转型作为现代社会发展的重要驱动力，正在深刻影响高等教育资源的配置方式。

首先，数字化教育资源的丰富性、多样性与流动性为高等教育带来了前所未有的机遇。通过互联网技术的广泛应用，高校可以随时随地获取全球范围内的丰富教学资源，不仅包括传统的书籍和学术论文，还涵盖了虚拟实验室、多媒体教学工具等多样化的形式。这些资源的数字化使得知识的传播和获取不再受限于地理位置或时间的限制，学生和教师能够在更为广阔的知识海洋中自由探索，进而提升了学习和教学的质量。

其次，数字化转型极大地促进了高等教育资源的优化配置与共享。传统的教育资源配置通常受到物理空间、师资力量以及资金等因素的制约，导致资源分布

的不均衡，尤其在区域和学校之间表现尤为明显。而数字化技术的引入，则打破了这些壁垒，通过建设开放教育资源平台，资源的共享变得更加便捷。例如，MOOC（大规模开放在线课程）等在线教育平台的兴起，使得全球范围内的优质教育资源得以共享，学生无论身处何地都可以接触到顶尖学者的课程。同时，高校之间的合作也变得更加紧密，共享实验设备、数据资源等，进一步提升了资源的利用效率。

最后，数字化转型对于高等教育资源利用效率的提升作用不可忽视。在数字化环境下，高校可以通过大数据分析、人工智能等技术手段，精准了解学生的学习需求与表现，进而有针对性地提供个性化的教育资源和教学服务。这不仅提高了学生的学习效率，也使得教育资源的分配更加科学合理。此外，在线学习平台的普及使得教育资源的利用率大幅提高，传统课堂教学中时常出现的资源闲置问题得到了有效解决，教师可以通过网络实时跟踪学生的学习进度，调整教学策略，最大限度地发挥资源的效用。

（二）数字化转型对高等教育治理的影响

数字化技术的引入使得高等教育治理体系在结构和功能上得到了全面的优化。传统的高等教育治理通常依赖于纸质文件、人工管理和层层审批，效率低下且容易出现信息滞后和沟通障碍。而通过数字化转型，教育机构能够实现治理流程的自动化和智能化，减少了人为因素导致的误差和延误，提升了治理的透明度和响应速度。例如，电子政务系统的应用使得高校管理层能够实时掌握教学、科研、财务等多方面的数据，迅速作出决策，极大地提高了治理的效率。

数据驱动的高等教育决策与管理模式正在逐步建立与实施，成为数字化转型背景下高等教育治理的重要特征。在传统的治理模式中，决策往往依赖于经验和主观判断，缺乏数据的支持，难以精准把握复杂的教育环境和多变的学生需求。随着大数据技术的发展，高校可以通过对海量数据的收集、分析和挖掘，深入了解学生的学术表现、教师的教学效果以及科研活动的进展等，从而为决策提供科学的依据。这种数据驱动的管理模式不仅提高了决策的准确性和针对性，还能在一定程度上预见和化解潜在的风险，为高等教育的长期发展提供了更加稳固的基础。

智慧校园、智慧教室等智慧教育环境的构建是数字化转型对高等教育治理的又一重大影响。这些智慧教育环境通过物联网、云计算、人工智能等前沿技术的应用，构建了一个全方位互联、实时互动的教学与管理体系。例如，智慧校园的构建使得教学、科研、后勤、财务等各个领域实现了信息的互通互联，管理者可以通过一个集中的平台实时监控和调整校园内的各项活动，极大地提高了管理的效率。同时，智慧教室的应用通过智能设备和系统，为教师和学生提供了更加灵活、多样和个性化的教学体验。这些变化不仅提升了教育质量，还使得教育治理更具科学性和前瞻性，适应了现代教育对创新和变革的需求。

（三）数字化转型与高等教育质量提升的关系

数字化转型在推动高等教育质量提升方面发挥了重要作用，通过技术手段的广泛应用，高等教育的质量评估、监控以及保障体系都得到了前所未有的变革与提升。

数字化技术在高等教育质量评估与监控中的应用，显著增强了评估的科学性、准确性和及时性。传统的教育质量评估方式往往依赖于人工收集数据、实地考察和周期性报告，具有时间周期长、数据覆盖面有限、分析维度单一等缺陷。而数字化技术的应用，如大数据分析、人工智能和学习分析系统，使得教育质量评估能够实时跟踪学生的学习进度、教师的教学效果以及课程的实施情况。这种数据驱动的评估方式不仅提供了更加详尽和动态的数据支持，还可以通过数据挖掘揭示潜在的问题与趋势，从而为教育质量的改进提供了更加有力的依据。

数字化转型对高等教育质量保障体系的影响也是深远且广泛的。质量保障体系是确保高等教育达到预期标准、满足社会需求的重要工具，而数字化转型为这一体系的优化和创新注入了新的活力。通过数字化手段，高校可以建立起覆盖教育全过程的质量监控系统，从招生到毕业，从课堂教学到科研活动，所有环节的质量都可以得到全面监控。例如，在线教育平台不仅能够记录学生的学习轨迹，还可以自动生成学习报告，帮助教师和管理者及时发现和纠正教学中的不足。此外，基于数据分析的教学评估系统可以自动收集和处理学生的反馈意见，量化教学效果，为持续改进教学方法和内容提供了精准的数据支持。这种全方位、多层次的质量保障体系，不仅提高了高校的自我评估能力，还能够更加敏捷地应对外部评估与社会监督，从而不断提升教育质量。

数字化转型还通过推动教育资源的开放与共享，进一步促进了高等教育质量的提升。通过在线教育、虚拟实验室、数字图书馆等数字化资源的广泛使用，学生和教师能够在更大范围内获取知识和技能，这使得教育内容的丰富性和前沿性得以保证。尤其在疫情期间，远程教育平台的快速普及为各高校提供了一个保障教学质量的重要途径。数字化资源不仅打破了传统教育中的时空限制，还通过多样化的学习路径和个性化的教学服务，使得学生能够获得更为丰富和优质的学习体验。这一切都极大地推动了教育质量的提升，确保高等教育能够适应并引领社会发展的需求。

（四）数字化转型与高等教育公平的关系

数字化转型在推动高等教育公平的实现方面发挥着至关重要的作用，通过技术的革新与应用，高等教育的覆盖范围得以大幅扩大，可及性也显著提高，从而有效地缓解了长期存在的教育资源不均衡问题。

数字化技术的应用显著提高了高等教育的可及性，使得不同背景和需求的学生都能找到适合自己的学习路径。在传统的教育体系中，教学方式往往单一，难以适应学生多样化的学习需求，这使得一些特殊群体，如残障学生、职场人士，以及有特殊兴趣爱好的学生，难以获得与主流学生同等的教育机会。而数字化转型为教育提供了多样化的教学方式和灵活的学习时间，使得教育更加包容。例如，在线课程的自主学习模式和移动学习的便捷性，使得工作繁忙的成年人可以在不影响工作的前提下继续深造；虚拟现实和增强现实技术的应用，则为有特殊需求的学生提供了更为个性化和适应性的学习环境。这种以学生为中心的教育模式极大地提高了教育的可及性，使得更多人能够享受到高等教育的福利，从而进一步推进了教育公平的实现。

此外，数字化转型还在教育评估和反馈机制中发挥了重要作用，促进了教育机会的公平分配。在数字化环境下，高校能够通过数据分析工具，更加精确地了解学生的学习情况和需求，从而在入学机会、奖学金分配以及课程设置等方面做出更加公平合理的决策。例如，大数据技术的应用可以帮助学校分析学生的学习数据，发现潜在的教育不公平现象，并及时采取措施加以纠正。此外，在线评估系统和电子化学籍管理系统的使用，也提高了教育管理的透明度和公正性，使得学生在教育过程中的每一个环节都能享受到公平的对待。

三、高等教育促进数字化转型实现

第一，高校作为高层次人才培养的摇篮，是数字化转型所需人才的重要来源。高校作为知识传授与技能培养的主要场所，承担着为社会各界输送高素质人才的重任。在数字化转型的大背景下，各行各业对具备数字化技能与知识的人才需求日益增加。高校通过开设相关专业课程、设立研究机构以及与企业合作等方式，不断培养和输送适应数字化转型需求的高素质人才。这些人才在推动数字化转型的过程中发挥着至关重要的作用，他们不仅具备扎实的专业知识和技能，还具备创新思维和实践能力，能够为数字化转型提供持续的人才支持。

第二，数字化转型战略的提出和核心技术的突破，离不开高等教育的支撑与研究型大学的科学研究。数字化转型是一个复杂的系统工程，需要深厚的理论基础和技术支持。高等教育的学术研究和人才培养为数字化转型提供了重要的理论支撑和技术来源。研究型大学作为高等教育的佼佼者，在科学研究和技术创新方面发挥着引领作用。它们在数字化转型领域的研究不仅推动了相关理论的发展，还为核心技术的突破提供了可能。许多数字化转型的关键技术和创新成果都源自研究型大学的科研成果转化。因此，高等教育在数字化转型战略的提出和实施过程中扮演着不可或缺的角色。

第三，高校作为数字化转型的实验基地，推动数字技术在教育领域的先行应用。高校不仅是人才培养和科学研究的重要基地，更是数字化转型的实验场所。作为知识创新和技术应用的前沿阵地，高校在数字技术的开发与应用方面，承担着先行先试的责任。通过将数字化技术引入教学、科研和管理等多个领域，高校成为数字技术的"试验田"。例如，智慧校园、智慧教室、在线教育平台的建设与应用，使得高校在教学管理中率先实现了数字化转型。这不仅提升了教育质量和管理效率，也为其他行业提供了成功的案例和可借鉴的经验。高校通过自身的数字化转型，验证了数字技术的可行性和效果，为社会各界的数字化实践提供了坚实的技术支撑和发展方向。

第四，高等教育对数字化转型的引领作用，促进了社会数字化生态的形成。高等教育不仅在人才培养和技术创新方面支持数字化转型，还通过理念传播和社会服务引领了社会数字化生态的形成。高校作为知识的源头，积极倡导和传播数字化思维，推动全社会对数字化转型的理解和接受。通过举办学术论坛、出版研究成果、提供公共课程等形式，高校影响着企业、政府和公众对数字化转型的认识。与此同时，高校还通过与企业、政府的深度合作，共同制定数字化转型战略和政策，为社会的数字化转型提供理论支持和实施路径。这种协同发展，不仅加速了数字化技术的普及和应用，还促进了数字化生态体系的形成，使得数字化转型能够在更广泛的社会层面上得以实现和深化。

▶ 第二节　高等教育数字化转型的关键流程

一、战略规划

在高等教育数字化转型的宏伟蓝图中，战略规划无疑是最为关键的一环。它不仅为整个转型过程指明了方向，更为后续的实施和评估提供了重要的基准。因此，制定数字化转型的战略目标与愿景，是高等教育机构在推进数字化转型时必须首要完成的任务。

战略规划是高等教育数字化转型的基石，它要求高等教育机构在全面分析自身现状、发展环境以及未来趋势的基础上，明确数字化转型的战略目标与愿景。这一过程需要高等教育机构的领导层、管理层以及广大师生共同参与，通过深入的研讨和交流，形成对数字化转型的共识和认同。

在制定数字化转型的战略目标时，高等教育机构应明确转型的短期、中期和长期目标，确保目标的可行性和可操作性。短期目标可能包括基础设施的升级、教学资源的初步数字化等；中期目标可能涉及教学模式的创新、数据治理体系的建立等；而长期目标则可能着眼于教育生态的全面重塑、国际竞争力的提升等。这些目标应相互衔接、层层递进，共同构成数字化转型的宏伟蓝图。

同时，愿景的制定也是战略规划不可或缺的一部分。愿景是高等教育机构对数字化转型未来状态的期望和憧憬，它应具有前瞻性和激励性，能够激发全体师生的共同追求和行动。一个清晰、明确的愿景不仅能够为数字化转型提供方向指引，还能够增强师生的归属感和使命感，推动转型工作的顺利进行。

在制定战略目标和愿景的过程中，高等教育机构还应充分考虑自身的特色和优势，确保数字化转型的战略规划既符合高等教育发展的普遍规律，又能够体现自身的独特性和创新性。此外，战略规划还应具有一定的灵活性和适应性，以便在转型过程中根据实际情况进行及时的调整和优化。

二、技术基础设施建设

技术基础设施建设是高等教育数字化转型的骨架，它支撑着整个数字化生态系统的运行。在这一关键流程中，数字化平台与工具的选择与部署，以及网络安全与数据保护措施的实施，是不可或缺的两个环节。

数字化平台与工具的选择与部署，是技术基础设施建设的首要任务。高等教育机构需要根据自身的战略目标和实际需求，精心挑选适合的数字化平台和工具。这些平台和工具应具备良好的稳定性、可扩展性和用户友好性，能够支持大规模用户的同时访问和数据处理。在选择过程中，高等教育机构还应考虑与现有系统的兼容性和集成性，以确保数字化转型的顺利进行。一旦选定了合适的平台和工具，高等教育机构便需要制定详细的部署计划，包括时间安排、资源配置和人员培训等，以确保平台和工具能够顺利上线并得到有效利用。

网络安全与数据保护措施的实施是技术基础设施建设的另一重要环节。在数字化转型过程中，高等教育机构将面临着来自网络空间的各种威胁和挑战。因此，建立健全的网络安全体系，采取有效的数据保护措施，是保障数字化转型成功的关键。高等教育机构应投入足够的资源，建设先进的网络安全防护系统，包括防火墙、入侵检测系统、数据加密技术等，以抵御外部攻击和数据泄露风险。

同时，还应加强对师生员工的网络安全教育，增强他们的安全意识和防范能力。在数据保护方面，高等教育机构应制订严格的数据管理制度，明确数据的收集、存储、使用和共享规范，确保数据的合法性和安全性。

三、教学资源数字化

教学资源数字化是高等教育数字化转型的核心环节之一，它涉及对优质课程资源、教学案例、科研成果等教育资源的整合、优化以及数字化处理、存储和共享。这一关键流程对于提升高等教育的教学质量、促进知识传播和创新具有重要意义。

首先，整合与优化教育资源是教学资源数字化的基础。高等教育机构需要系统地梳理和整合现有的课程资源、教学案例和科研成果，确保这些资源的优质性和适用性。在整合过程中，应注重资源的多样性和互补性，避免重复和冗余。同时，还需要对资源进行优化，提升其教学质量和学术价值，确保数字化后的资源能够满足师生员工的学习和研究需求。

其次，进行资源的数字化处理、存储和共享是教学资源数字化的核心任务。数字化处理包括将传统的纸质教材、课件等转化为数字格式，以及利用先进的技术手段对教学资源进行加工和处理，提升其交互性和可视化效果。存储方面，需要建立稳定、安全的数字化存储系统，确保教学资源的长期保存和随时访问。共享则是教学资源数字化的最终目的，通过构建数字化教学资源平台，实现资源的高效共享和广泛传播，打破时间和空间的限制，让更多的人受益于优质的高等教育资源。

在教学资源数字化的过程中，还需要注重知识产权的保护和合法使用。高等教育机构应制定相关政策和措施，确保数字化教学资源的合法性和合规性，尊重原作者和版权机构的权益。同时，也应鼓励师生员工积极参与教学资源的数字化建设，共同推动高等教育资源的丰富和发展。

四、课程与教学的数字化改造

在线教学模式的设计是一个系统性工程，它需要高等教育机构从教学理念、课程目标、教学内容、教学方法以及评价体系等多个维度进行综合考虑。在设计过程中，高等教育机构应明确在线教学的定位和目标，确保在线教学不是传统课堂教学的简单复制，而是能够充分发挥数字技术的优势，提供更加个性化、灵活和高效的学习体验。同时，还需要注重教学内容的更新和优化，确保在线课程能够反映学科前沿动态，满足学生的学习需求。

在实施在线教学模式时，高等教育机构需要关注技术平台的选择与建设。一个稳定、易用、功能丰富的在线教学平台是在线教学成功的基础。平台应具备实时互动、课程录制、资料分享、在线测试等功能，以支持多样化的教学活动。此外，高等教育机构还需要对教师进行在线教学技能的培训和支持，帮助他们掌握在线教学的方法和技巧，提升教学效果。

除了技术平台的支持，在线教学模式的实施还需要关注师生互动和学生学习体验的优化。高等教育机构应鼓励教师采用多种在线教学工具和方法，如直播授课、录播回放、在线讨论、小组合作等，以激发学生的学习兴趣和积极性。同时，还需要建立有效的学生反馈机制，及时了解学生对在线教学的意见和建议，以便对教学模式进行持续改进和优化。

最后，在线教学模式的设计与实施还需要注重教学质量的监控和评估。高等教育机构应建立一套完善的在线教学质量评价体系，对在线课程的教学质量进行定期评估和反馈。通过收集学生的学习数据、分析教学效果、听取教师和学生的反馈意见，高等教育机构可以不断优化在线教学模式，提升教学质量和学习效果。

五、师资培训与支持

教师数字化技能的提升是师资培训与支持的核心内容。随着数字技术的快速发展，高等教育机构需要确保教师具备足够的数字化教学能力，以有效运用各种数字工具和平台进行教学。这包括掌握在线课程设计、多媒体教学资源开发、数字化教学评估等方面的技能。为实现这一目标，高等教育机构应制订系统的培训计划，为教师提供定期的数字技能培训和工作坊。同时，鼓励教师积极参与数字化教学项目和实践，通过实际操作不断提升其数字化教学能力。

数字化教学支持与服务体系的建立是师资培训与支持的另一重要方面。这一体系旨在为教师提供全面的数字化教学资源和服务，支持其在教学过程中的各种需求。这包括提供先进的数字化教学平台、多媒体教学资源库、在线教学工具等，以确保教师能够充分利用数字技术进行高效的教学。同时，建立专业的技术支持团队，为教师提供及时的技术咨询和故障解决服务，确保数字化教学的顺利进行。

在师资培训与支持的过程中，高等教育机构还应注重激发教师的创新精神和教学热情。通过组织数字化教学创新大赛、优秀数字化教学案例分享等活动，鼓励教师积极探索和实践新的数字化教学方法和模式。同时，建立教师间的交流与合作机制，促进教师之间的经验分享和互相学习，共同提升数字化教学能力。

六、持续改进与创新

在高等教育数字化转型的征途中，持续改进与创新是确保转型成效不断提升、适应时代变化的关键流程。这一流程强调在数字化转型的基础上，通过持续的评估、反馈、调整和创新，不断优化和提升数字化转型的效果和效率，以实现高等教育的长期可持续发展。

数字化转型的持续优化过程是一个循环往复、不断上升的过程，它要求高等教育机构在推进数字化转型的同时，建立一套完善的评估机制，定期对数字化转型的进展和成效进行全面的评估。这种评估不仅关注技术层面的实施情况，如数字化平台的使用率、在线课程的访问量等，更重视教学和学习效果的提升，如学生的学习满意度、教学质量的改善等。

基于评估结果，高等教育机构需要及时反馈并做出相应的调整。对于数字化转型中遇到的问题和挑战，需要深入分析其原因，制订针对性的解决方案，并及时调整转型策略和实施计划。同时，对于在评估中表现优秀的方面，也需要进行总结和推广，以推动整个数字化转型进程的不断提升。

在持续改进的基础上，高等教育机构还需要注重创新。创新是推动数字化转型不断向前的动力源泉。高等教育机构应鼓励教师、学生和行政人员积极参与数字化转型的创新实践，探索新的教学理念、教学方法和技术应用。通过设立创新基金、举办创新大赛等方式，激发全体成员的创新热情，推动数字化转型的不断深化和拓展。

持续改进与创新的过程还需要高等教育机构与外部环境的紧密互动。高等教育机构应积极关注行业动态、技术发展趋势以及社会需求的变化，及时调整数字化转型的方向和重点。同时，也需要与其他高等教育机构、企业和社会组织进行广泛的合作与交流，共同推动高等教育的数字化转型和创新发展。

▶ 第三节　高等教育数字化转型的实现路径

一、重视师生参与

师生的广泛参与和高度认可，不仅是数字化转型成功的关键，也是推动高等教育质量提升和创新发展的重要力量。要实现高等教育的数字化转型，必须充分认识到师生在其中的主体地位和作用。教师是教学活动的组织者和实施者，而学生是学习活动的主体和受益者。因此，数字化转型的每一个环节都应当紧密围绕师生的需求和期望来设计和实施。为了增强师生的参与度，高校需要采取一系列有效的措施。

一方面，通过培训和指导，提升师生对数字化技术和工具的认知和使用能力。这包括提供必要的数字化教学资源和平台，让教师能够熟练运用现代技术手段进行教学设计和实施；同时，也要培养学生利用数字化资源进行自主学习的能力，使他们能够在数字化环境中获得更好的学习体验和学习效果。

另一方面，高校还需要建立有效的激励机制，鼓励师生积极参与数字化转型的各项工作。这可以包括设立专门的奖项和荣誉，表彰在数字化转型中做出突出贡献的师生；同时，也可以将数字化转型的成果与师生的评价和晋升挂钩，从而进一步激发他们的积极性和创造力。

在增强师生的认可度方面，高校同样需要做出努力。这要求高校在推进数字化转型的过程中，始终保持与师生的密切沟通和交流，及时听取他们的意见和建议，确保数字化转型的方向和措施能够真正符合师生的需求和期望。同时，高校还需要通过举办各种形式的宣传活动和推广活动，让师生更加深入地了解数字化转型的意义和价值，从而增强他们对这一过程的认同感和归属感。

二、制定政策与制度路径

制定政策与制度路径不仅关乎转型的方向与速度，更直接影响到转型的成效与可持续性。因此，必须从宏观层面出发，构建一套全面、系统、具有前瞻性的政策与制度体系，以确保数字化转型的顺利推进。

首先，制定支持数字化转型的政策与法规是实现高等教育数字化转型的基础。政策是行动的先导，它能够为数字化转型提供明确的指导和规范。在制定相关政策时，应充分考虑到数字化转型的复杂性和长期性，确保政策的科学性和合理性。具体而言，政策应涵盖数字化转型的各个方面，包括基础设施建设、教学资源开发、教学模式创新、师生能力提升等。同时，还应关注政策之间的协调性和互补性，避免政策之间的冲突和矛盾。此外，法规的制定也是不可或缺的。通过立法手段，可以明确数字化转型中的权责关系，保护师生的合法权益，规范数字化转型过程中的行为，为数字化转型提供有力的法律保障。

其次，建立与数字化转型相适应的评价与激励机制是推动高等教育数字化转型的关键。评价与激励机制是引导和控制组织行为的重要手段。在数字化转型过程中，必须建立一套科学合理的评价与激励机制，以激发师生的积极性和创造力。在评价方面，应注重过程评价与结果评价的相结合，既要关注数字化转型的进度和成果，也要关注转型过程中的问题和挑战。同时，评价还应具有多样性和灵活性，以适应不同高校和学科的特点和需求。在激励方面，应通过设立专项基金、提供培训机会、给予荣誉奖励等多种方式，对在数字化转型中表现突出的师生进行表彰和奖励。这样可以有效激发师生的参与热情和创新精神，推动数字化转型的深入发展。

三、技术引进与自主研发

引进先进的数字化技术和产品是提升教育信息化水平的有效途径。随着信息技术的飞速发展，全球范围内涌现出大量先进的数字化教育技术和产品。这些技术和产品不仅在功能上更加完善，而且在应用效果上也得到了广泛验证。通过引进这些先进的数字化技术和产品，高校可以迅速提升自身的教育信息化水平，为师生提供更加便捷、高效的教学和学习环境。同时，引进先进技术和产品还可以促进高校与国际教育界的交流与合作，从而进一步推动教育国际化的进程。

然而，仅仅依靠引进是不够的。在引进的同时，高校还必须加强自主研发能力，以推动教育技术的持续创新与应用。自主研发是提升高校教育技术创新能力的重要途径。通过自主研发，高校可以根据自身的实际需求和特点，开发出更加符合自身需求的教育技术和产品。这不仅可以提升高校在教育技术领域的核心竞争力，还可以为教育行业的整体发展贡献更多的智慧和力量。同时，自主研发还可以促进高校科研与教学工作的紧密结合，从而推动教育质量的持续提升。

为了实现技术引进与自主研发的有机结合，高校需要采取一系列有效的措施。一方面，高校需要建立健全的技术引进机制，明确引进的目标和方向，制订科学合理的引进计划，并确保引进工作的顺利实施。另一方面，高校还需要加大对自主研发的投入力度，建立完善的研发体系和创新机制，鼓励和支持师生积极参与教育技术的研发工作。同时，高校还可以通过与国内外知名企业和科研机构的合作与交流，共同推动教育技术的创新与应用。

四、文化营造与氛围塑造

文化营造与氛围塑造关乎高校能否激发全体师生的积极性和创造力，共同推动数字化转型的深入发展。因此，必须从文化层面出发，营造一种开放、包容、创新的数字化转型文化氛围，并鼓励师生积极参与数字化转型实践，形成全员参与的良好局面。

首先，营造开放、包容、创新的数字化转型文化氛围是实现高等教育数字化转型的关键。文化氛围是高校师生共同的价值观念、行为方式和精神风貌的体现，它对于师生的思维方式和行为模式具有深远的影响。在数字化转型的过程中，高校需要倡导一种开放的文化氛围，鼓励师生积极接纳新技术、新思想，勇于尝试和创新。同时，也需要营造一种包容的文化氛围，尊重师生的多样性和差异性，允许在数字化转型过程中出现不同的声音和观点。更重要的是，要营造一种创新的文化氛围，鼓励师生不断探索和尝试新的教学和学习方式，以推动教育质量的持续提升。

其次，鼓励师生积极参与数字化转型实践，形成全员参与的良好局面是推动高等教育数字化转型的重要保障。师生是高校数字化转型的主体和核心力量，他们的参与程度直接关系到数字化转型的成败。因此，高校需要采取一系列有效的措施，激发师生的参与热情和创新精神。例如，可以通过举办数字化转型相关的讲座、研讨会和培训活动，提升师生对数字化转型的认知和理解；可以设立数字化转型的专项基金，支持师生开展相关的研究和实践活动；还可以建立数字化转型的激励机制，对在数字化转型中表现突出的师生进行表彰和奖励。

为了实现文化营造与氛围塑造的目标，高校需要加强宣传和推广，通过各种渠道和媒体宣传数字化转型的重要性和意义，提高师生的认知度和参与度。

五、评估与反馈

在高等教育数字化转型的过程中，评估体系应全面覆盖数字化转型的各个方面，包括但不限于技术应用、教学资源建设、教学方法创新、学生学习成效、教师发展以及整体教育质量的提升等。通过定期对这些方面进行深入、细致的评估，可以客观、准确地了解数字化转型的实际效果，发现存在的问题和不足之处，为后续的策略调整和改进工作提供有力的数据支持和方向指引。

同时，根据评估结果及时调整策略也是至关重要的。数字化转型是一个动态、持续的过程，需要不断适应新的技术发展和教育需求的变化。因此，高校应建立灵活的调整机制，确保转型工作能够根据实际情况进行及时的改进和优化。这包括调整技术应用的方向和重点，优化教学资源的配置和利用，创新教学方法和手段，以及提升学生学习成效和教师发展等方面的策略。通过不断的调整和优化，可以确保数字化转型工作始终保持在正确的轨道上，不断提升转型的质量和效益。

六、合作与交流

国内外许多高校和科研机构在数字化转型方面已经取得了显著的成果和丰富

的经验，通过与他们的合作与交流，可以借鉴这些先进经验，避免重复劳动和走弯路。这种合作与交流可以包括共同开展研究项目、分享教学资源和经验、举办学术研讨会和论坛等多种形式。同时，与企业的合作也有助于将最新的技术成果应用到教育领域，推动教育技术的创新和发展。企业通常拥有先进的技术和研发能力，通过与企业的合作，高校可以及时了解并掌握最新的技术动态和发展趋势，将其应用到教学实践中，提升教学质量和效果。此外，企业还可以提供资金和资源支持，帮助高校更好地推进数字化转型工作。

▶ 第四节　高等教育数字化转型中的云平台构建

随着大数据、云服务、机器学习等数字技术的发展和应用，人类社会正经历着前所未有的数字化变革，众多领域面临着全面而系统的数字化转型。我国作为数字大国，肩负着以教育数字化实现数字中国建设的历史重任。高等教育在培养各领域现代化人才上发挥着基础性作用，选择恰当的教育云平台模式，以资源节约、效率增进和安全可靠为依归，推动高等教育数字化转型，是未来评价高等教育成效的重要指标。

一、高等教育数字化转型中"云"的兴起

教育、科技、人才是全面建设社会主义现代化国家的基础性、战略性支撑。高等教育更是肩负着培养符合中国式现代化要求的高素质人才的历史重任。随着数字技术的不断发展和广泛应用，以教育云为核心的高等教育数字化转型加速推进，引领高等教育教学方式的变革。在线教学客观上进一步加速了高等教育数字化转型的进程，推动了云技术在高等教育中的大范围应用。云计算在高等教育中最流行的用途之一是大学生可以通过虚拟教室进行在线学习。就国内外教育发展趋势来看，越来越多的高校也正在远离传统的学生信息系统，尝试采用基于云的替代方案。

高等教育数字化资源越来越丰富，这也给高校数字化教育资源管理带来较大

挑战，如数字化管理的预算成本、数字资源许可问题，以及软件和硬件的集成和管理问题等。在克服这些挑战并提供一种以经济、高效的方式操作信息系统的替代方法时，云计算发挥着巨大的作用，是推进高等教育数字化转型、促进高等教育资源优化配置的重要途径。在具体应用和软件平台建设方面，云技术已经成为高等教育数字化变革的核心技术，在全球范围内快速推广。国内的大学 MOOC（慕课）、学堂在线、超星、智慧树、腾讯课堂、网易云课堂等云教育平台也为高等教育提供了大量的云服务。

高等教育中云计算技术的大范围应用在个性化学习、经济性、弹性、可测量性、可访问性、低碳排放和标准化等方面具有众多益处，但在安全性、合规性、可靠性、隐私保护及云技术的复杂性等方面面临众多挑战。高校正经历着云计算信息服务革命的关键时期，选择合适的云教育和云服务模式，高效地嵌入一体化的教育体系，是适应新时代教育方式变革的重要前提和关键所在。

二、高等教育云平台的构建模式

目前，云技术在具体应用中主要有 4 种模式：公共云模式、私有云模式、社区云模式和混合云模式。基于高等教育办学层次和规模，以及一些影响云服务成功的关键因素，即云数据安全性、可用性和可靠性、可定制服务级别协议、网络带宽、兼容性、技术支持、管理支持、人力和资源准备、复杂性、成本灵活性和易用性等，目前高校主要运用三种教育云模式，即大学私有云模式、大学城社会云模式和大学混合云模式。

（一）私有云模式

私有云模式作为一种专为单一机构或组织量身定制并严格管理的云计算部署方式，其核心特征在于数据与业务流程的高度集中化管理，并且这一管理行为被严格限定于每所大学的内部范畴之内。此模式的构建深度依托于大学自身的 IT 资源与能力，允许高校根据自身的特定需求、规范以及发展目标，独立且自主地构建起一套完整、高效且安全的云计算环境。在当今数字化教育转型的浪潮中，私有云模式因其卓越的灵活性、高度的可控性以及显著的安全性优势，已成为现代高校广泛采纳并持续优化的云计算部署策略。

私有云模式的本质属性在于其"私有性",即云服务资源完全由所属高校全权掌控,并专为其内部成员提供私有化的云服务。在这一独特的架构下,高校能够充分利用其云基础设施的强大能力,向包括教师、学生、研究人员、IT技术人员及行政管理人员等在内的广泛云用户群体,提供涵盖软件即服务(SaaS)、平台即服务(PaaS)以及基础设施即服务(IaaS)在内的全方位、多层次的云服务体验。云用户仅需在其所属高校的封闭网络环境中,便可便捷地交互云资源与服务,实现了资源的高效共享、灵活调配与最大化利用。

在技术实现层面,高校可根据其云用户的多样化与个性化需求,在面向服务的体系结构(SOA)框架内,灵活开发与定制各类云服务。这一过程中,高校不仅自主规划与设计信息服务的内容、形式与交互方式,还从技术层面深度整合校内数据库、Web服务器等关键IT组件,构建起支撑云服务运行与持续优化的底层技术架构。这种高度自主的技术实现方式,确保了私有云模式能够紧密贴合高校的实际业务需求与发展战略。

在私有云模式运作机制中,高校享有极高的自主权与决策权。高校能够根据自身的网络承载能力、存储容量、事务处理级别以及未来发展规划等实际状况,自主选择并优先部署那些最符合其发展需求的云服务与应用程序。这种灵活的决策机制,不仅确保了云服务的高效运行与持续优化,还为高校的数字化教育转型提供了强有力的技术支撑与保障。

(二) 社会云模式

大学城作为高等教育资源的密集区域,不仅是学术研究与人才培养的重要基地,更是推动高等教育现代化进程的主战场。在这一背景下,大学城社会云模式的应运而生,为区域内高校的信息服务提供了一种全新的社区云架构。此模式特指一个全面覆盖大学城内所有成员大学信息服务的社区云平台,其独特之处在于,仅有该社会云模式中的注册用户,才具备通过特定门户结构访问并使用云服务/应用程序的权限,确保了信息服务的安全性与专属性。

依托自身的IT资源与能力,大学城社会云模式精心打造了一套分类明确、功能全面的云服务体系，涵盖了软件即服务（SaaS）、平台即服务（PaaS）以及基础设施即服务（IaaS）等多个层面，旨在满足不同用户群体的多样化需求。在这一模式下，成员大学能够基于共同协议，灵活地进行云服务/应用程序的共享，无论是资源共享的时限、范围还是方式，均可根据成员间的具体约定进行调整，极大地提升了资源利用的灵活性与效率。

大学城社会云模式的云用户群体广泛，涵盖了大学城范围内所有高校的教职员工、学生、科研人员、IT技术人员及行政管理人员，他们共同构成了社区云结构的核心成员。该模式致力于向全体高校成员提供统一、高效的云服务，通过构建社区云结构，促进了云成员间的资源共享与协作，特别是在灾难恢复、数据备份等关键技术问题上，成员大学将采取集体行动，共同维护云服务的安全稳定运行。

大学城社会云模式的核心价值在于其实现了大学城内高等教育资源的深度共享与优化配置。该模式通过整合大学城内的优质资源，有效避免了因重复建设而导致的资源浪费现象，同时，借助新型基础设施的支撑，实现了大学城内资源的集约化管理。云共享平台的建立，不仅为业务应用、数据服务等方面提供了坚实的技术支撑，还促进了教育资源的深度融合与共享，最终形成了一个汇聚知识、技术与创新元素的大学城资源池，为数字中国、创新中国的建设与发展做出了积极而重要的贡献。

（三）混合云模式

混合云模式作为一种高度复杂的云计算形态，其本质特征在于它融合了两种或多种不同类型的云结构，这些云结构可能包括私有云、社区云以及公共云。这种独特的组合方式赋予了混合云模式在云计算领域中的独特地位，使其能够协同利用私有云与公有云的各自优势，进而全面提升跨云资源的优化利用水平，并实现跨云、跨地域的IT基础设施的协同优化。

在具体实践层面，混合云模式借助"5G多域专网+高校混合云"这一创新平台，充分利用5G网络的高速传输能力以及"三云"（即私有云、社区云、公共云）基础设施的强大支撑，全面推动了智慧教学资源服务、智慧教学环境与教学服务、智慧校园管理服务以及校园信息化基础设施升级服务等多个领域的数字化、智能化管理水平的提升。这一模式的实施，不仅极大地丰富了高校的教学与管理手段，还为高校的信息化建设提供了强有力的技术支持。

混合云模式的独特价值在于它成功地集成了公有云与私有云的双重优势。一方面，它能够通过公有云实现云计算系统的规模经济效益，降低高校的 IT 成本；另一方面，它又能够通过私有云确保数据的安全性，满足高校对于敏感信息和关键业务的高保密需求。在云计算普及率日益提高的背景下，高校虚拟化平台已成为资源分配的主流方式，而混合云平台则能够进一步带来资源统一与管理简化的双重收益，使得高校能够更加高效、便捷地管理其 IT 资源。

在混合云平台中，高校依然保持着对网络资源的统一管理权，拥有资源管控的绝对主导权。然而，与传统的单一云模式相比，混合云平台能够显著加快资源申请与审批的流程，实现资源的快速化、批量化处理。在网络技术中心的统一分配与调度下，混合云平台能够有效地减少网络堵塞现象，提升网络的整体性能。对于高校而言，混合云中的公有云模块主要负责处理那些敏感度较低、保密要求不高的非关键业务；而私有云模块则主要负责处理那些敏感度高、保密层级高的关键业务。这种明确的分工使得高校能够更加灵活、高效地利用混合云平台来满足其多样化的业务需求。

三、高等教育云平台应用的挑战与应对

（一）高校云教育平台的资源集成和安全风险

高校云教育平台的实施，意味着将大量的教育数据存储在云端，这实际上是将数据的保管责任委托给了第三方。因此，第三方的安全和隐私保护能力成为数据安全的关键因素。然而，当前市场上云服务提供商的安全水平参差不齐，高校在选择时必须谨慎行事，以免因第三方安全漏洞导致数据泄露或被恶意利用。除了安全问题，高校还面临着云系统与现有系统的集成和互操作性问题。如何将云系统安全可靠地与高校的学生管理系统、学习管理系统和电子邮件系统等现有系统集成，是云教育模式建设中的一大难题。由于云解决方案是通过互联网提供

的，它必须能够与高校已经使用的软件和硬件兼容并协同工作。但现实情况是，高校已有的信息系统往往基于不同的技术架构和标准，这使得与云系统的对接变得复杂而困难。

针对上述挑战，高校可以采取以下应对策略：

第一，严格筛选云服务提供商。高校在选择云服务提供商时，应对其安全资质、隐私保护政策、服务稳定性等进行全面评估，并优先选择那些有良好口碑和专业认证的服务商。同时，签订详细的服务合同，明确双方的责任和义务，特别是关于数据安全和隐私保护的条款。

第二，加强数据加密和访问控制。高校应对存储在云端的数据进行加密处理，并实施严格的访问控制策略，确保只有授权人员才能访问敏感数据。此外，还应定期审查云服务提供商的安全措施和合规性，以确保数据安全得到持续保障。

第三，制定统一的系统集成标准。为了解决云系统与现有系统的集成问题，高校可以制定统一的系统集成标准和规范，要求所有新引入的系统都必须遵循这些标准。同时，积极与云服务提供商沟通合作，共同开发适用于高校环境的集成解决方案。

第四，分阶段实施云迁移策略。为了避免资源集成过程中的混乱和风险，高校可以采取分阶段实施云迁移的策略。先选择一部分非核心系统进行试点迁移，验证云系统的稳定性和兼容性；然后在总结经验的基础上，逐步将更多系统迁移到云端。

第五，优化资源配置和成本管理。在选择不同的云模式时，高校应充分考虑资金和人力成本以及潜在的风险等级。通过合理的资源配置和成本管理策略，确保云教育平台的建设和运维成本控制在可承受范围内，同时最大化地发挥云平台的效益。

（二）高校教职人员和在校大学生云教育技术培训成本

在高等教育云平台的应用过程中，一个不可忽视的挑战是高校教职人员和在校大学生对于云教育技术的培训成本问题。云技术作为现代信息技术的代表，其特性和功能复杂多样，对于非计算机专业的教职人员而言，全面掌握并熟练运用这些技术是一项艰巨的任务。而要实现这一目标，开展全面系统的培训是必不可少的，但这无疑需要大量的资金支持，包括培训课程的开发、教学资源的购置以及培训师资的聘请等。

此外，云供应商提供的支持和培训方法并不总能完全适应高校的人才结构。特别是一些以文科为主的高校，教职人员和学生在接受云教育技术培训时可能会面临更多的困难。他们可能缺乏必要的计算机基础和技术背景，导致在培训过程中难以快速理解和掌握相关知识。尽管云供应商通常提供现代技术驱动的支持服务，如在线手册、教程、电话和电子邮件支持以及虚拟培训课程等，但在具体实践中，这些服务的效果并不总是令人满意。这可能是由于高校与云供应商之间的沟通不畅，或者是由于高校自身的技术环境限制导致的。

针对这一挑战，高校应采取以下应对策略：

第一，制订个性化的培训计划。高校应根据自身的人才结构和教学需求，制订个性化的云教育技术培训计划。对于不同专业背景的教职人员和学生，应设计不同难度和内容的培训课程，以确保培训的有效性和针对性。

第二，利用校内外资源降低成本。高校可以充分利用校内外资源来降低培训成本。例如，可以与计算机专业的教职人员合作，共同开发培训课程和教学资源；或者与云供应商建立合作关系，争取获得更多的优惠和支持。

第三，加强实践指导。在培训过程中，应注重实践与指导的结合。通过实际操作和案例分析，帮助教职人员和学生更好地理解和掌握云教育技术。同时，可以设立专门的技术支持团队，为他们在学习过程中遇到的问题提供及时的帮助和解答。

第四，建立持续的学习机制。云技术是一个不断发展的领域，因此高校应建立持续的学习机制，鼓励教职人员和学生不断更新知识、提升技能。可以通过定期举办研讨会、工作坊等活动，为他们提供交流和学习的平台。

（三）高校教育云模式选择中的教育质量提升

在高等教育云平台的应用过程中，教育质量提升是一个核心议题。高校需要实时掌握学生、教职工的情况以及资源的动态，以便提供优质的教育服务，并将科技文化有效地融入理论教学之中。然而，随着云计算技术的快速发展，这种对传统教育环境的精细控制水平变得越来越难以维持。

在云教育模式下，高校必须放弃传统教学中对学生学习环境和教学材料的严格控制。这种转变带来了一定的挑战，因为学生可能过于依赖技术，导致他们难以进行批判性思考或独立学习。这种依赖可能阻碍教育质量的提升，因为教育的核心不仅仅是知识的传授，更重要的是培养学生的思考能力和独立解决问题的能力。

为了应对这一挑战，高校需要采取一系列策略来提升教育质量，具体如下：

第一，高校应该注重培养学生的信息素养和批判性思维能力，使他们能够更好地利用云平台进行学习，同时保持独立的思考和判断能力。

第二，高校可以设计多元化的教学活动，结合线上和线下的学习方式，以确保学生在不同环境下都能获得全面的学习体验。

第三，网络链接的可靠性也是云教育模式下一个重要的考量因素。如果高校的网络连接不稳定，那么云平台的访问和使用将受到严重影响。例如，网上考试的质量可能会因为网络问题而大打折扣。因此，高校需要实施有效的云存储解决方案，允许学生在网络不稳定时进行脱机访问和编辑文件，然后在网络稳定时与云平台进行同步。这样可以确保学生的学习进度不会因为网络问题而中断，同时也能保证网上考试等教学活动的顺利进行。

第二章　数字经济时代高等教育的课程与教学改革

▶ 第一节　高等教育数字教材发展现状与优化

教育数字化是赋能教育高质量发展、建设教育强国的重要途径。随着深度学习、知识图谱、大数据等人工智能技术的迅猛发展并与教育的融合程度加深，推动教育数字化转型，知识形态发生变革，在工业化时代经验知识、原理式知识的基础上，衍生出了第三种形态——以数字智能技术为基础的交叠式知识，这里的交叠式知识不仅仅指学术知识，还包括职业知识，是知识、技能和素养的综合体。

教材作为知识的基本媒介，深受科学技术发展和信息传播方式变革等因素的影响。在此背景下，高等教育教材面临数字化转型，开发人工智能技术与教育教学深度融合、多种介质综合运用、具有交互性的高等教育数字教材，既是教材内容动态融入行业新技术、新规范、新工艺、新标准的要求，也是开展理实一体化教学的需求。

一、高等教育数字教材的界定

高等教育教材经历了纸质教材、电子教材、数字教材等发展阶段，高等教育数字教材的发展不是一蹴而就的，是从纸质教材不断改革发展而来的。在教育领域，数字教材是指以课程教学知识内容为基础，利用多媒体技术呈现，依据教学活动需要整合各类学习工具，按一定标准封装，正式出版的，通过互联网传播的用于课程教学的数字内容产品。作为一种新型的教学材料，数字教材通过电子设备呈现，支持在线访问和互动操作。

（一）数字教材与纸质教材的关系

传统高等教育教材以纸质教材为主。一直以来，纸质教材与职业学校教育相伴相生，是课程实施的关键载体，肩负着技术技能人才培养的重任，具有封闭性、稳定性等特征，更适用于传播经典知识、科学原理、专业理论等。但是传统高等教育纸质教材存在内容更新不及时、技能迭代慢、配套素材有限、无法提供实时互动等问题，导致学生学习体验差。高等教育数字教材具有开放性、动态性、交互性等特征，教材内容可以随着产业发展进行动态更新，为学生提供沉浸式体验、实时互动，更适用于更新速度快的专业课、实训课。

一方面，数字教材不是纸质教材的电子版。在信息时代，纸质教材被电子化，并通过光盘、网络等形式呈现。电子教材从传统意义上来讲还是纸质教材，只是呈现方式发生了变化，其内容并未发生变化。因此，电子教材不是数字教材，不具有数字教材的功能。

另一方面，数字教育不可替代纸质教材。纸质教材是确保教育质量公平有效的工具，发展数字教材并不等于抛弃纸质教材。从技术支持看，高等教育数字教材需要高质量的平台建设、海量的配套资源等，这些都需要成熟的技术支持，然而我国不同区域之间发展差异巨大，信息化水平也存在较大差异，技术的限制必然影响高等教育数字教材的开发和使用。从育人功能看，现阶段高等教育数字教材正处于发展的初级阶段，数字教材数量不足，应用效果也处于探索中，现阶段还不具备大规模用数字教材替代纸质教材的现实条件。

因此，现阶段高等教育教学还是以纸质教材为主，数字教材仍处于探索发展阶段。需要数字教材与纸质教材协同配合，发挥各自功能，实现优势互补。

（二）数字教材的特征

1. 多媒体集成与互动性

数字教材的多媒体集成与互动性是其核心优势之一，为学习者提供了沉浸式和高参与度的学习环境。多媒体元素的融合，如高清视频、互动图表和音频解说，不仅丰富了教学内容的表现形式，还提高了信息的传递效率，使得抽象的概念更加具体化，复杂的过程更加可视化。这种集成方式极大地提高了学生的学习兴趣和参与度，有助于加深记忆和理解。数字教材的互动性则允许学生通过点击、拖拽、模拟实验等操作直接与教学内容互动，这种参与感会极大地激发学生的探索精神和学习动力。

2. 具备数据分析与反馈功能，支持个性化学习

数字教材支持个性化学习的特性使得教育更加贴合每个学生的独特需求和学习风格。而数字教材具备的数据分析与反馈功能，是其支持个性化学习的关键优势。通过智能算法和数据分析，数字教材能够识别学生的学习习惯、知识掌握程度和兴趣点，从而提供定制化的学习内容和进度，并为学生提供实时的学习反馈。数字教材的个性化学习路径设计，不仅赋予了学生更大的自主权，使他们能够主动探索和深入理解知识，而且可以帮助教师利用这些数据洞察分析，为学生提供更加精准的指导和支持，实现教学的个性化和差异化。

3. 支持实时更新和动态调整

数字教材的实时更新和动态调整特性，为教育内容的持续优化提供了强大支持。这种灵活性使得教材内容能够迅速反映最新的政策法规、研究成果和行业变化，确保教学内容的前沿性。实时更新功能允许教师根据教学进度和学生反馈及时调整教学材料，添加最新案例、补充材料或修改现有内容，从而保持教学内容的时效性。

4. 环境适应性强，具有显著的成本效益

数字教材具有强大的环境适应性和显著的成本效益。数字教材能在不同的电子设备上灵活运行，无须额外配置，从而确保了学习资源的广泛可及性。同时，数字教材的电子化存储和分发减少了传统印刷和物流的成本。随着时间的推移，尤其是在需要频繁更新和修订教材内容的情况下，这种成本节约效应愈发明显，不仅减轻了出版机构的成本，也为学生提供了更加经济的学习选择，促进了教育资源的公平分配。

(三) 数字教材的形态

在高等教育领域，数字教材的形态构成了教材内容传递与展现的多元化框

架，这一框架超越了传统纸质教材单一、静态的呈现模式，展现了数字时代教育资源的无限潜力与创造力。高等教育数字教材，作为教育技术革新的产物，其形态不仅体现了媒体融合的深度与广度，更彰显了教育理念与教学方式的根本性变革。

具体而言，高等教育数字教材通过深度整合人工智能、大数据、多媒体处理及虚拟现实等前沿技术，实现了内容呈现形式的全面升级。它不再局限于单一的文字叙述，而是将图像、文字、声音、视频等多种媒体元素巧妙融合，构建了一个多维度、多感官的学习体验空间。这种集文字阐述之精准、图片展示之直观、音视频传达之生动于一体的综合呈现方式，不仅丰富了教材的表现力，也极大地增强了学习内容的吸引力和可理解性，有助于学生形成更加全面、深刻的知识结构与认知体系。

更为重要的是，高等教育数字教材在内容设计上兼顾了理论认知与实践训练的双重需求，实现了知识传授与技能培养的有机融合。通过内置模拟实验、虚拟实训、互动问答等模块，数字教材能够为学生提供接近真实的操作环境与即时反馈机制，促进理论与实践的紧密结合，提升学习效果与应用能力。

此外，高等教育数字教材还充分利用新技术优势，创设了真实、沉浸式教学环境，为信息化和智能化背景下的教学、测评、管理提供了全方位的支持。这一环境不仅有利于教师根据学生的学习进度与反馈，灵活调整教学策略与方法，实现个性化教学；同时，也能够激发学生的学习兴趣与主动性，鼓励他们积极参与学习过程，探索未知领域，培养创新思维与批判性思维能力。

二、高等教育数字教材的发展现状

我国高等教育数字教材虽然早有探索，但一直未形成规模和成熟的市场。近年在出版深度融合发展相关政策推动下，数字教材有望迎来快速发展期。

从技术路线来看，当前高等教育数字教材主要包括两大类，一类是版式文件，一类是流式文件。版式文件是指数字教材制作时每一页的内容和排版都是固定的，最后生成一个固定格式的文件。版式文件的优点是排版精准、稳定，支持复杂的排版和布局，页面相对更加美观；缺点是不支持自适应布局，对于不同屏幕尺寸的设备可能会出现不兼容的情况。版式格式往往文件大小较大,更适合于制作需要精细排版的内容,如杂志、画册、包含大量图表和公式的学术书籍等,版式文件常见格式如 PDF。流式文件是指在制作数字教材时将内容和样式分离,根据设备的屏幕尺寸和字体大小设置等参数,动态生成适合当前设备的排版格式。流式文件的优点是适应性强,可以在不同尺寸的设备上阅读,文件大小相对较小;缺点是排版不够精准,可能会出现字体大小、行距等方面的问题。从未来发展趋势来看,流式格式数字教材正在被越来越多的用户所接受。

从应用上来看,当前高等教育数字教材尚未形成规模化应用,但在某些学校、专业或课程存在不同程度的应用尝试。当前,数字教材的应用可分为五个层次:第一个层次是阅读浏览,能够准确完整地把教学内容呈现出来供用户阅览;第二个层次是实现个体的人机交互,如划线、批注、添加书签等;第三个层次是支持与其他学习者互动,实现社会化学习,如分享笔记、弹幕、评论等;第四个层次是建立师生关系,实现基于数字教材的基础性师生互动,如教师查看学生的阅读数据,画重点或批注给学生看,布置阅读任务,查看学生答题情况等;第五个层次是将数字教材与各类在线学习平台或工具相结合,支持各类教学活动的开展,如作业、考试等,与其他教学资源、学习工具、智能学习技术深度融合,形成课程教学整体解决方案。

三、高等教育数字教材的优化路径

在理清高等教育数字教材内涵的基础上,针对高等教育数字教材建设面临的关键问题,应基于高等教育数字教材建设的生命周期,从绘制高等教育数字教材建设蓝图,到开发高等教育数字教材,再到开展高等教育数字教材质量监控,形成高等教育数字教材建设的闭环。

(一)统筹规划高等教育数字教材建设

在当前技术日新月异的背景下,高等教育数字教材正处于蓬勃发展的黄金时期,其重要性日益凸显。相较于传统纸质教材,高等教育数字教材的开发与建设呈现出高度的复杂性与技术依赖性,不仅需要深厚的专业背景与技术创新,还伴随着高昂的人力物力投入,以及对多样化资源与平台的深度整合需求。因此,从国家层面出发,对高等教育数字教材建设进行统筹规划,已成为推动教育现代化、提升教育质量的关键举措。

1. 明确国家战略导向,引领高等教育数字教材发展方向

国家应高瞻远瞩,确立高等教育数字教材发展的总体方向与战略目标,通过制定详细的战略规划,明确教材开发的重点领域、阶段性目标及实施路径。在此过程中,可优先聚焦于现代农业、先进制造业、生产性服务业等知识与技能更新迅速的关键领域,选取基础条件优越、资源丰富的课程作为试点,率先开发一批高质量的高等教育数字教材,形成示范效应并逐步向全国推广。这一策略遵循"试点先行,逐步推广"的原则,旨在通过局部成功带动整体进步,确保高等教育数字教材建设的稳步推进。

2. 构建多元参与机制,激发数字教材开发活力

为充分调动社会各界参与高等教育数字教材开发的积极性与创造力,国家应鼓励并赋权地方政府、职业院校、行业企业、出版社等多方主体,共同参与数字教材的建设工作。通过建立开放合作、互利共赢的参与机制,引导各方根据自身优势与特色,贡献智慧与资源,形成优势互补、协同创新的良好局面。同时,积极推动相关研究机构开展高等教育数字教材的理论研究与实践探索,为数字教材的科学发展提供有力支撑。

3. 完善制度规范体系,保障数字教材建设健康发展

为确保高等教育数字教材建设的科学性、规范性与可持续性,国家需建立健全相关制度规范体系。具体而言,应加强对数字教材准入审批的监管,确保教材内容的科学性、权威性与时效性;完善版权保护机制,维护教材创作者、出版者及使用者的合法权益;强化数据安全与隐私保护,构建安全可靠的数字教材使用环境。此外,还应优化高等教育数字教材的管理流程与评价体系,促进教材质量的持续提升与迭代优化,为高等教育数字教材建设的长远发展奠定坚实基础。

(二) 一体化开发高等教育数字教材

高等教育作为与产业发展最为密切的一种教育类型,高等教育数字教材的开

发涉及多元主体、多个环节，要一体化设计高等教育数字教材，推动高等教育数字教材从提供"内容"向提供"内容+服务"转型，带动高等教育教材质量整体提升。

1. 构建数字教材开发共同体

高等教育数字教材对教材开发主体的要求更高，要统筹多元主体，搭建数字教材开发共同体，包括思政专家、行业企业专家、课程专家、教学设计专家、学校教师和技术开发专业人员，与各方协同配合，建立专家组、编写组和技术组。专家组主要由课程领域专家和行业企业专家构成，对高等教育数字教材开展整体方案设计；编写组主要由行业企业专家、学校教师构成，基于相关标准体系，对教材内容和平台资源进行系统设计和开发；技术组主要提供教材开发与建设过程中的技术支持。教材开发团队要充分利用信息技术，超越地域、时空的限制，协作开发高等教育数字教材，实现跨区域、跨产业、跨企业、跨学校、跨专业、跨课程的教材共建共享，避免重复建设，提高开发效率。

同时，在数字化时代，信息的传播速度快、范围广，意识形态问题也更加复杂多样，教材内容的更新速度也不断加快，教材开发团队要不断学习和更新自己的认识，坚持正确的政治方向，切实把好教材的意识形态关。同时，进一步提升专业素养和能力，确保教材的育人功能。

2. 建立高等教育数字教材规范体系

就高等教育数字教材本身的可持续发展而言，标准化与规范化亦是保障高等教育数字教材质量的重要措施，要建立高等教育数字教材规范体系，应包括基本标准、产品标准、平台标准、出版标准、审核标准等，这样对高等教育数字教材建设的全流程形成相应的标准，明确了高等教育数字教材的边界、高等教育数字教材的规范、高等教育数字平台的接口标准、高等教育数字教材版权标准以及高等教育数字教材的审核标准，为高等教育数字教材的有序开发、稳步出版、质量管控、推广使用提供必要的保障，也能够实现高等教育数字教材在不同平台之间实现联通共享，满足不同区域、学校、专业学生学习需求，提升高等教育数字教材的内容质量与服务质量。

3. 搭建基于知识图谱的高等教育数字教材内容

知识图谱作为揭示知识领域内复杂关联结构的有效工具，其核心价值在于促进知识网络的互联互通、直观可视及动态操作。在高等教育数字教材的构建中，引入知识图谱技术，不仅能够优化内容标准与组织逻辑，还能够显著提升教材的智能化、个性化与综合育人能力。优化内容标准和内容组织方式，可以从以下方面进行：

（1）知识组织方式的革新：基于大数据与人工智能的立体知识图谱构建。在高等教育数字教材的内容组织层面，需充分利用大数据处理与人工智能技术，突破传统教材内容组织的局限性。具体而言，通过高效的数据抓取与分析机制，针对每个专业领域及核心能力培养目标，精准提取关键知识点与内容数据。随后，运用先进的语义分析技术，深入挖掘这些知识点之间的内在联系与逻辑关联，构建出基于关键词连接的海量内容网络。这一过程不仅实现了知识点从零散到系统的整合，还通过多级映射关系的建立，形成了高等教育领域内的立体知识图谱。

在知识图谱的纵向维度上，能够有效解决中高职教材内容重复交叉的问题，通过清晰的层次划分与逻辑关联，确保学生在不同学习阶段获得递进式、无冗余的知识体系。而在横向维度上，知识图谱则促进了不同专业间知识体系的相互渗透与融合，构建起跨专业的知识桥梁，有助于培养学生的综合思维与跨界能力，充分发挥高等教育教材在综合育人方面的独特优势。

（2）内容表征的多元化：多模态表达与沉浸式学习体验。高等教育数字教材在内容表征方面，应充分利用现代多媒体技术的优势，采用图画、音频、视频、虚拟现实（VR）等多种模态的表达方式和表达符号。这种多元化的内容表征方式，不仅丰富了教材的呈现形式，提高了信息的传递效率与接收度，还为学生提供了更加直观、生动、沉浸的学习体验。

通过图画与音频的结合，可以帮助学生更好地理解抽象概念与复杂原理；视频内容的引入，则能够模拟真实场景，增强学习的实践性与互动性；而 VR 技术的运用，更是为学生打造了一个身临其境的学习环境，使他们能够在虚拟世界中自由探索、实践操作，从而实现对知识的深刻理解与掌握。这种多模态、沉浸式的内容表征方式，不仅提升了学生的学习兴趣与参与度，还有助于培养他们的创新思维与实践能力。

4. 优化高等教育数字教材配套平台

在高等教育数字化转型的浪潮中，构建并优化数字教材配套平台成为推动教学质量提升与教学模式创新的关键环节。该平台不仅承载着数字教材内容的展示与交互功能，更是实现教学智慧化、个性化与精准化的核心载体。以下是对高等教育数字教材配套平台优化策略的深入剖析及其在教学实践中的多维度赋能作用。

（1）教师赋能：智慧教学工具与教学效果的精准把控。对于教师而言，高等教育数字教材配套平台应成为其智慧教学的得力助手。平台需集成多样化的智慧教学工具，包括但不限于智能备课系统、知识图谱构建工具、动态教学资源库等，以支持教师高效备课、灵活授课及精准评估。通过智能备课系统，教师可以轻松获取丰富的教学素材，结合个人教学风格与课程需求，快速生成个性化教案。知识图谱工具则帮助教师直观展示知识间的内在联系，促进学生对知识体系的整体把握。同时，平台应提供实时学习数据分析功能，使教师能够即时掌握学生的学习进度、难点与兴趣点，从而调整教学策略，实现因材施教。

（2）学生赋能：混合式学习体验与个性化学习路径。学生作为学习的主体，高等教育数字教材配套平台应致力于为其打造沉浸式、个性化的学习环境。平台应支持混合式学习模式，融合线上自学与线下互动，通过视频教程、虚拟实验、在线讨论等多种形式，激发学生的学习兴趣与主动性。此外，平台应提供情境式学习模块，模拟真实或虚拟的学习场景，增强学生的实践能力与问题解决能力。更重要的是，平台应基于学生的学习行为、兴趣偏好及能力水平，智能推荐个性化的学习资源与学习路径，满足学生多样化的学习需求，促进其全面发展。

（3）教材编者赋能：数据驱动的教材开发与持续优化。对于教材编者而言，高等教育数字教材配套平台是连接编者、教师与学生的桥梁，是实现教材精准定位与持续优化的重要工具。平台应建立全面的数据采集与分析系统，实时收集并处理来自教学一线的海量数据，包括但不限于教师使用反馈、学生学习成效、教学资源利用率等。基于这些数据，编者可以运用大数据分析与挖掘技术，深入洞察教师与学生的真实需求与期望，为教材的开发与修订提供科学依据。同时，平台应支持迭代式教材开发模式，鼓励编者根据反馈数据不断优化教材内容与结构，确保教材内容的时效性、科学性与适用性。

（三）建立高等教育数字教材监控体系

在高等教育数字化转型的进程中，建立一套系统、全面且高效的高等教育数字教材监控体系，对于保障教材的安全性、规范性、质量水平以及评估其实际使用效果具有至关重要的意义。这一监控体系的建立，旨在通过多维度的监管措施，确保数字教材在教育教学活动中的应用能够持续、健康、有序地发展。

1. 强化高等教育数字教材的安全性保障

在高等教育数字教材的建设过程中，确保教材数据主体的安全是首要任务，这直接关系到学生的隐私保护与教育数据的完整性。为此，需构建一套全方位的安全防护体系，涵盖数据加密、访问控制、审计追踪等多个层面，确保数据在传输、存储及处理过程中的安全性。此外，数据处理的透明性和可解释性也是不可忽视的重要环节，要求所有数据处理操作均应有明确的记录和解释，以便在需要时进行追溯与验证。

从国家层面出发，应制定和完善高等教育数字教材的知识产权保护法律体系，明确教材开发者、使用者及第三方在数据使用方面的权利与义务，防止数据被非法获取或滥用。对于学习过程中产生的学习数据，应建立科学的数据收集与管理机制，确保数据的合法、合规使用，同时，禁止任何形式的私人教育服务对数据的非法利用，保障学生权益不受侵害。

2. 深化高等教育数字教材的规范性管理

高等教育数字教材作为教材体系的重要组成部分，其规范性直接关系到教育教学的质量与效果。鉴于教材在国家教育事权中的核心地位，高等教育数字教材必须严格遵守国家相关标准与规范，确保内容的科学性、准确性及权威性。为防止教材内容的篡改或误导性信息的传播，需建立严格的审核与监管机制，对教材内容进行全面审查与定期更新。

为实现对高等教育数字教材的有效监控，应将其纳入国家教材统一管理体系之中，明确各级管理部门的职责与权限，确保教材从开发、审核到使用的全过程均可审可管。同时，高等教育数字教材的配套平台也应按照国家有关规定进行备案与监管，确保平台的合法合规运营及数字资源的安全可靠。在平台运营过程中，应加强对用户行为的监控与管理，防止恶意攻击、数据泄露等安全事件的发生，为高等教育数字教材的顺利推广与使用提供坚实的保障。

3. 构建高等教育数字教材内容质量保障体系

为确保高等教育数字教材内容的质量，亟须构建一套全面而细致的监控指标体系，该体系应紧密契合高等教育数字教材的内在特质与功能定位。具体而言，需从多维度、多层面出发，对教材内容的质量进行系统性评估与监控。①政治性是高等教育数字教材内容的首要考量，必须确保教材内容符合国家意识形态要求，弘扬社会主义核心价值观，引导学生树立正确的世界观、人生观和价值观。②科学性是教材内容质量的核心，要求内容准确无误，逻辑严密，能够反映学科前沿动态与研究成果，为学生提供坚实的知识基础。③职业性、技术性作为高等教育数字教材的显著特点，需确保教材内容紧密对接行业需求，动态融入产业发展的新技术、新规范、新工艺、新标准，增强学生的职业竞争力和实践操作能力。④创新性是衡量教材内容质量的重要维度，鼓励教材在内容组织、呈现方式、教学方法等方面进行创新，以激发学生的学习兴趣与创造力。

为实现上述目标，应建立由专家学者、行业代表、教师及学生等多元主体参与的评估机制，采用定量与定性相结合的方法，对教材内容进行全面、深入的评估与监控。同时，加强教材内容的动态更新与维护，确保教材内容始终与时代发展相契合，满足职业院校教学的实际需求。

4. 强化高等教育数字教材使用效果评估与反馈机制

高等教育数字教材的使用效果是衡量其质量与价值的关键指标。因此，在教材使用过程中，应建立科学的评估与反馈机制，对职业院校教师和学校对数字教材内容的使用情况进行持续监控与评估。具体而言，可通过收集并分析学生对高等教育数字教材内容的浏览次数、时长及评价反馈等数据，了解学生对教材内容的兴趣点、难点及改进建议，为教材的修订和完善提供有力支持。同时，鼓励教师积极反馈教材使用过程中遇到的问题与不足，促进教材开发者与使用者之间的沟通交流，形成良性互动。

在此基础上，应建立快速响应的反馈处理机制，对收集到的反馈信息进行分类整理与深入分析，及时将有价值的信息反馈给教材开发者，并指导其进行相应的修订与完善工作。通过不断优化教材内容与功能，提升高等教育数字教材的使用效果与教育价值，为职业院校的教学改革与发展提供有力支持。

新时期，要以乐观的态度拥抱机遇，以谨慎的态度对待技术发展，落实国家对高等教育教材管理要求，推动高等教育数字教材的研究、设计和开发，完善教材监控体系，推动建立高等教育数字教材建设与管理的闭环，率先形成以高等教育数字教材带动高等教育教学整体改革的新态势。

▶ 第二节 高等教育课程现代化的动因及路径

在全球化与信息化快速发展的背景下，高等教育作为社会进步和经济发展的重要引擎，其课程的现代化成为教育改革的关键一环。为了更好地理解高等教育课程现代化的动因及其实现路径，需要对其背后的理论进行深入诠释，这不仅有助于揭示高等教育课程现代化在当代社会的重要性，也为探索其动因和路径提供了必要的理论支撑。

一、高等教育课程现代化的理论诠释

人类进化发展史是一部人类制造和使用工具的历史，工具拓展了人类的能力，改变了经济、生产和生活，甚至改变了社会结构，工具代表了人类进化的水平。人工智能作为智能工具投入使用，使人类迈向智能化时代。时代的变迁必然引发高等教育变革，使高等教育课程现代化的内涵与特征呈现出智能化时代的气质。

（一）高等教育课程现代化的内涵

现代化，作为人类文明进程中的一个深刻变革，不仅涉及技术、经济结构的转型，更深层次地触及教育、文化乃至思维方式的全面革新。在这一宏大的历史

叙事中，高等教育课程的现代化无疑占据着举足轻重的地位，它不仅是高等教育体系自我更新、自我超越的集中体现，也是推动社会进步与创新发展的关键力量。高等教育课程现代化，这一术语蕴含着丰富而深刻的内涵，它标志着高等教育课程随时代发展的深刻变迁，是一个历经漫长且复杂历史过程的结果。尤其在智能化时代背景下，这一变迁更显其独特性与紧迫性。

智能化时代，技术革新日新月异，知识生产与传播方式发生了根本性变化，这对高等教育课程的现代化提出了新的要求与挑战。在此背景下，高等教育课程现代化的内涵实现了从传统向智能的深刻转型。具体而言，这一转型体现在以下方面：

第一，高等教育课程与社会的关系愈发紧密，其应用性与实践性得到空前强化。智能化技术的发展，使得高等教育课程不再局限于传统的学科知识体系内，而是更加注重与实际问题解决、行业创新需求的对接，强调学生在真实世界情境中运用知识的能力培养，从而促进了课程内容的实时更新与实践导向的深化。

第二，高等教育课程作为高深学问的研究载体，其理论性与高深性在智能化时代得到了新的诠释。这不仅要求课程内容涵盖最新的科研成果与理论进展，更强调跨学科整合，鼓励学生在掌握深厚理论基础的同时，具备探索未知、创新理论的能力，以适应快速变化的知识体系与科研前沿。

第三，高等教育课程服务于培养高级专门人才的目标，在智能化时代被赋予了更强的专业性与学术性要求。这意味着课程设计需更加聚焦于特定领域内的深度学习与专业能力构建，同时，强调学术研究与创新能力的培养，以期培养出能够在智能化社会中引领行业发展、解决复杂问题的高级智能人才。

总之，智能化时代的高等教育课程现代化，是一个多维度、深层次的系统工程。它要求高等教育机构充分利用现代高等教育理论与智能科学技术，对课程理念、内容、设计进行全面革新，使之达到现代先进水平。这一过程不仅关乎课程本身的优化升级，更在于通过教育创新，促进高等教育对象智能的全面发展与提升，为社会输送具备高超智慧与独特才能的高级智能人才，从而助力国家乃至全球的创新驱动发展战略，推动人类文明向更高层次迈进。

（二）高等教育课程现代化的特征

当前处于信息化与智能化的交汇时期，这一时期高等教育课程现代化还具有信息化时代的特点。但随着智能化的不断升级，智能化时代高等教育课程现代化将衍生出一些与智能化显著相关的特征，主要表现在以下三个方面：

1. 课程混合智能化

人工智能产生以前，"智能"单纯指人的智慧与才能。在智能化时代，"智能"的含义更加丰富，是一种人机一体或人机融合的混合智能，包括人工智能、人类智能以及人工智能和人类智能交互在一起的混合智能。"智能"含义的丰富性使得智能化时代高等教育课程现代化表现出强烈的混合智能化特征。课程混合智能化主要表现在三个方面：

（1）课程环境智能化。智能化时代的课程环境已经由粉笔加黑板转为鼠标加多媒体，教师能随时随地借助智联网及智能助手为学生提供鲜活生动的智能课程，为学生创造良好的智能学习环境。

（2）课程内容智能化。课程内容从关注学生的知识学习转移到关注学生的智能提升，不断删除课程中不利于学生智能发展的知识，不断增加有利于学生智能发展的知识。有利于学生智能发展的知识即智能知识，不仅包括人工智能知识，而且包括其他各种有利于学生智能发展的知识。

（3）课程编制智能化。人工智能可以辅助高等教育课程编制者不断优化课程目标、改良课程内容、改进课程组织实施、改善课程评价方法、改造课程智能基因，编制出更有利于学生智能发展的课程。

在智能化时代，高等教育课程混合智能化将随着智能科学技术的发展，以及教育学、心理学、脑科学等研究的逐步深入而不断升级，促进高级人才培养迈向高质量发展时代。

2. 课程满足个性化

"个性"是指一个人不同于他人的独特而鲜明的性格特征，"个性化"则是指生产者为需求者提供个性化服务，帮助他们制订个性化方案的过程。在智能化时代，智能工具可以帮助每一个学生制订个性化课程方案，为高等教育课程满足个性化提供驱动力。同时，结合班级制改革和专业人才培养方案的不断优化，改革高校课程管理制度，开设大量的选修课和自修辅导课，不断满足学生的个性化学习需求。此外，各种课程网络平台还提供丰富多彩的在线课程，这些课程不仅能为学生提供多样化、个性化的课程选择，做到有求必应，还能根据学生的认知风格、学习目标、已有知识水平等为学生智能推送个性化的学习内容，实现课程精准滴灌。

总之，在智能化时代，通过充分利用智能科学技术提供丰富多彩的线上课程，借助智能教师助手，改革人才培养方案以及学习他国的先进经验等，可以促进高等教育课程更好地满足学生个性化需求。

3. 课程强势综合化

在智能化时代之前，学科综合化趋势就已经出现。以高等教育课程为例，高等教育课程综合化的萌芽可以追溯至19世纪中期，当时分科课程盛行，割裂了不同学科知识之间的联系，造成人的发展片面化，在这种背景下课程综合化思想开始萌芽。但是，那时的课程综合化属于弱势综合化，只是简单地将不同学科叠加在一起，学科间的知识没有实现有机融合。而事实上，不同知识是可以融会贯通的。

在智能化时代，智能科学技术为各种学科知识的融会贯通搭建桥梁，促进各种学科知识从弱势综合化向强势综合化转变。以国家新设置的交叉学科门类中的"集成电路科学与工程"这个一级学科为例，该学科是一门以应用为主的战略性新兴交叉学科。其课程涉及物理、化学、数学、材料等基础学科的知识以及电子科学与技术、光学工程、机械工程、自动化等应用学科的知识。智能技术有力地推动了这一课程的综合化。

一方面，智能技术能为这一课程创造综合化的实施环境。传统的课程实施环境比较单一，不可能同时具备多个学科所需的学习环境，而在智能化时代，智能技术能创造同时符合多个学科学习需要的虚拟学习环境，使得学生在这样的环境中学习能够真正地感受到理论与实践的结合，从而促进不同学科知识间的交叉融合，加速推动课程走向强势综合化。

另一方面，智能技术能为这一课程提供具有极强综合能力的优质师资。受以前单科课程的影响，我国目前的师资多是"术业有专攻"的单一领域的精英，对专业以外的知识了解不多，具有多学科背景的优质师资非常少，这不利于综合课程的实施。智能技术支撑下的智能导师、线上智能课程可以填补师资方面的缺陷，与教师之间互帮互助，优势互补，共同实施综合课程，从而助推知识间的交叉融合。同时，随着各种高等教育主体对跨学科、综合性人才培养的重视，跨学科、综合性教师越来越多，也为高等教育课程强势综合化创造了越来越好的师资条件。

因此，随着智能化的发展，不同知识之间的相互渗透与有机交融将不断加深，推动着高等教育课程强势综合化的发展。

二、高等教育课程现代化的主要动因

在智能化时代初期，推动高等教育课程现代化的因素很多。结合智能化时代背景与高等教育课程实际进行分析，发现人才培养的客观需求、智能科学技术的不断渗透以及高等教育现代化导向，是促进高等教育课程现代化的核心驱动力。

（一）对人才的迫切需求，呼唤高等教育课程现代化

高等教育课程自产生以来，先后经历了学问中心课程、人性中心课程、学问中心课程与人性中心课程并存等发展阶段。在智能化时代，社会各领域对跨学科、综合型、智能型人才提出了迫切需求。审视当下的高等教育课程，可将高等教育课程的现状概括如下：

第一，重知识与技能传授，轻智慧与才能培养。近年来，为了满足办学与就业等指标要求，高等教育课程长期以"知识与技能的传授"为核心，虽然这种课程的学问化、专业化及结构化特征有利于学生知识量的增长，但对如何在知识量增长的基础上将这些专业知识内化为学生的智慧与才能，培养学生的创造力这一问题的考量仍然不够。这种重知识与技能传授、轻智慧与才能培养的传统高等教育课程与智能化时代智能型人才的培养目标还有差距。

第二，囿于专业课程，通识课程被边缘化。自高等教育产生以来，高等教育专业设置表现出高度分化的趋势，学生是按专业接受不同领域的教育。通过专业

课程所获得的专业知识虽然能够促进学生专业能力的发展，但培养的人才往往是某一领域的专才，而对其他领域知之甚少。这与智能化时代迫切需要跨学科、综合型、战略型、智能型人才的要求不相适应。

第三，强调以教师为中心，不利于学生创新思维的培养。传统高等教育课程中教师处于主导地位，拥有绝对话语权，学生处于从属地位。这种课堂不利于学生创造性思维的培养，很难提升学生的创造能力。

可见，高等教育课程现状与智能化时代跨学科、综合型、战略型、智能型的人才需求不相适应，强烈呼唤高等教育课程现代化。因此，亟须提升高等教育课程的高深性，用智能知识充实高等教育课程；亟须改变过分强调专业化、淡化通识课程的现状，设计基础宽厚、一专多能、博学多识的智能课程，促进不同学科知识之间的融会贯通；亟须利用智能环境调动学生学习的主动性，发挥学生的主体地位，锻炼他们的创新思维。

总之，高等教育的课程现状强烈呼唤高等教育课程现代化，迫切需要借助智能科学技术这一手段，吸收学问中心课程与人性中心课程的优势，构建以培养学生的智慧与才能为中心的智能中心课程模式，推动传统高等教育课程向现代化高等教育课程转变，只有这样，才能培养出智能化时代所需要的跨学科、综合型、战略型、智能型人才。

（二）智能科学技术，加速驱动高等教育课程现代化

智能化时代，智能科学技术对高等教育课程的积极影响正在有力驱动高等教育课程现代化进程。21世纪以来，人类社会进入以人工智能、机器人技术、虚拟现实等为突破口的第四次工业革命。

多年来，我国智能科学技术渐趋成熟。从起步阶段的互联网、机器学习，到成长阶段的深度学习，再到快速发展阶段的计算机视觉、语音识别等，中国部分智能科学技术已处于世界领先水平。近年来，智能科学技术被逐步应用于高等教育课程领域，引发高等教育课程的重大变革。

第一，大数据技术驱动高等教育课程资源走向现代化。传统的高等教育课程资源来源于静态教材，而大数据技术能将所有的优质课程资源集中在一个庞大的

数据库中，并通过智联网技术实现跨时空共享，促进高等教育课程资源的动态转型。

第二，智能导师系统驱动高等教育课程实施现代化。智能科学技术的发展使得学生学习不再单纯地依赖于教师面对面的交流，学习者在学习的全过程中均可借助智能导师系统获取知识。

第三，自动化测评系统驱动高等教育课程评价现代化，将高等教育课程评价由手动评价变为机器评价。自动化测评系统所构建的信息模型主要通过信息获取、知识推理和综合评价等方式跟踪高等教育课堂，并对课程实施过程进行评价。这不仅提高了课程评价效率，也增强了课程评价效果。

（三）高等教育现代化的政策导向倒逼课程现代化

"倒逼"一词，源自经济学领域，其背后的"倒逼理论"揭示了一种自组织或关系链条末端发起变革，进而迫使上端采取适应性改进措施的发展模式。当前，高等教育正朝向智能化方向迈进，然而这一现代化进程尚处于导向阶段，距离全面实现尚有较长路径需要探索。在这一转型过程中，高等教育课程体系的现代化同样面临着"倒逼机制"的作用，即高等教育现代化的宏观导向成为推动高等教育课程现代化改革的直接动力。

高等教育课程作为高等教育的核心构成要素，其形态与质量直接映射出高等教育的整体面貌。换言之，高等教育课程的特性在很大程度上决定了高等教育的性质与水平。因此，高等教育现代化作为终极目标，其实现路径必然包含且首要关注的是高等教育课程的现代化。这构成了高等教育现代化进程中的一个核心环节，即没有高等教育课程的现代化，高等教育整体的现代化便无从谈起。

步入智能化时代，高等教育课程的现代化转型主要体现在课程理念、课程内容以及课程设计三大核心要素的革新上。其中，课程理念的现代化是这一转型的基石，它引领着课程发展的方向，确保课程与时代发展的需求相契合；课程内容的现代化则是核心所在，它要求课程内容不仅反映学科前沿，还需融入智能化时代的新知识、新技能；而课程设计的现代化则是实现前两者的关键，它强调教学方法、评估体系的创新，以适应学习者多元化、个性化的学习需求。

三、高等教育课程现代化的基本路径

随着智能科学技术的不断发展，智能教育已经提升到国家战略层面，许多国家出台了发展智能教育的相关政策，推动教育技术和教育生态不断优化。利用智能化时代的教育政策优势、教育技术优势和教育生态优势，引领高等教育课程理念现代化、促进高等教育课程内容现代化、推动高等教育课程设计现代化是高等教育课程现代化的基本路径。

(一) 树立高等教育课程现代化理念

当时代发生根本变革时，教育也会随之而变。变革的尝试首先是对理念的追求。智能化时代的到来必然会引发高等教育课程理念的变革，表现为高等教育课程知识观及课程价值观的现代化。

1. 树立智能中心的课程知识观

所谓"课程知识"是指在学校教育范围内向学生传授的知识，其选择服务于特定的课程目标，而"课程知识观"是指人们对课程知识的看法。在智能化时代，高等教育的课程目标是培养高级智能人才，因此树立智能中心的课程知识观是智能化时代课程现代化的必然要求。满足这一要求需分三步走：

第一步，筛选智能知识。智能知识是有利于提升人的智慧与才能的知识。目前，高等教育课程体系中存在多种知识，有些知识能够培养思维、增长才智，但有些知识早已过时，与智能化时代的培养目标不相契合。因此，筛选智能知识是树立智能中心课程知识观的前提。

第二步，组织智能知识。筛选出来的智能知识只是一个个知识点，散落的点状知识并不利于学生学习。所以，筛选出智能知识后，还要将这些知识按照逻辑关系和学生智力发展规律组织成紧密联系的智能知识结构网。

第三步，实施智能知识。理念或文字层面的智能知识并不能培养出智能化时代所需的智能人才，只有将智能知识落实到教学行动层面才能真正促进学生智慧与才能的增长。

2. 确立智能本位的课程价值观

所谓"课程价值观"是指人们对作为客体的课程与其主体需要之间特定关系的看法。在高等教育课程漫长的发展历程中主要出现了知识本位、社会本位、个人本位三种有代表性的课程价值观，这三种课程价值观分别体现了人们对知识习得、社会适应以及个性解放的需要。在智能化时代，社会变得越来越智能化，促使人们产生智能增长的需求。因此，确立智能本位的课程价值观势在必行。为了落实智能本位的课程价值观，需要从如下方面进行改变：

（1）改变高校领导的治理观。在智能化时代，领导者应转变"唯项目""唯论文"等治理理念，树立"以智为本"的治理观，将培养学生的智能摆在高等教育课程的中心地位。

（2）转变高校教师的教学观。让高校教师接受人工智能教育和专业智能教育培训，体悟学生智能培养的重要性，培养他们开展智能教育的使命感、责任感，提升他们培养学生智能的基本能力。

（3）改变高校学生的学习观。教师在课堂教学、课后作业、课程考评等环节应以智能考评为主，引导学生摒弃单纯死记硬背的应试学习观，树立以智能增长为目标的学习观。

（二）促进高等教育课程现代化转型

智能化时代的到来使得社会对人才的需求结构由专业知识型向综合型、智能型转变。为了培养智能化时代所需的智能人才，必须以智能科学技术为手段促进高等教育课程的智能转型。

1. "知识课程"转为"智能课程"

在智能化时代，社会要求人才具有丰富的知识、复杂的思维、高超的智慧，高等教育课程应通过教学引导学习者走向智慧，即为智慧而教。因此，转"知识课程"为"智能课程"是智能化时代的迫切需求。

智能课程体系核心聚焦于智能中心课程的构建，旨在通过精心设计的课程模式，系统性地培育学生的智慧潜能与多元才能，这一过程深刻体现了教育对个体全面发展与智能提升的不懈追求。智能课程的诞生、演进及其在教育实践中的落实，构成了一个复杂而连贯的理论与实践探索框架。

智能课程，作为一种新型课程范式，其本质在于促进学生智能结构的优化与高级认知能力的发展。这一理解将智能课程视为连接学生内在智能潜能与外在教育干预的桥梁，强调通过课程内容的精选、教学方法的创新以及学习环境的营造，直接服务于学生智慧与才能的培育。此观点不仅与"教育是培养全面发展的人"这一教育理念高度契合，还进一步明确了智能课程在教育体系中的独特价值与使命。

高等教育课程的本质属性之一在于其高深性，即课程内容的前沿性、复杂性与探究性。随着知识经济的崛起与科技进步的加速，各类智能因素（如批判性思维、创新能力、信息素养等）日益成为高等教育课程不可或缺的重要组成部分。这些智能因素的渗透，不仅丰富了高等教育课程的内涵，也对其高深性提出了更高的要求，促使学习者必须具备更加卓越的智慧水平与综合能力，以应对日益复杂多变的社会挑战与职业需求。因此，实施智能课程成为高等教育回应时代变迁、提升教育质量、促进学生可持续发展的必然选择。

智能课程的有效实施，需要从根本上转变传统的教育理念与教学模式，具体可围绕以下三个核心维度展开：

（1）课程目标的重塑。由传统的"知识识记"目标向"智能开发"目标转变，强调在传授知识的基础上，更加注重学生思维能力、创新能力、问题解决能力等高级认知能力的培养与提升，促进学生知识结构的深度整合与智能结构的全面优化。

（2）课程实施方式的革新。从"知识传授"为主的教学模式转向"智能发展"导向的教学实践，通过引入问题导向学习、项目式学习、探究式学习等现代教学方法，激发学生的主动学习意识，促进学生在解决实际问题的过程中实现智能的全面发展。

（3）课程评价体系的重构。将"知识考核"的评价标准扩展为"智能考评"的综合评价体系，不仅关注学生的知识掌握情况，更重视对学生思维能力、创新能力、团队协作能力等智能维度的全面评估，以形成性评价与终结性评价相结合的方式，科学、公正地反映学生的智能发展水平与成长轨迹。

2. "范本课程"转为"个性课程"

"个性课程"强调给予学生充分的自由选择空间，为每一个学生提供最佳发展道路，使每一个学生都能获得自我发展与自我教育的能力。个性课程可以采用线上课程与线下课程及辅导相结合的方式展开。

在线上课程设置方面，建设大规模的线上课程超市，"超市"里有一切学生感兴趣的、有价值的课程，学生一切合理的学习欲望均可在线上课程超市里得到满足。运用大数据技术为学生提供选择课程的入口，在选择窗口设置教师简介、课程视频及电子材料、师生留言板等板块，教师智能助手针对学生的留言做出回应并收集无法解答的问题。还需要合理安排线下课程和辅导。根据智能助手收集到的问题安排一对一的线下辅导，为学生提供个性化的定制服务，满足每位学生的个性化需求。

针对线下课程改良，重点关注学生充分的课程选择自由，开设比较多的选修课和一定数量的自修课，充分发挥学生自主学习的积极性，满足学生个性化学习需求。

3. "分科课程"转为"综合课程"

智能化时代之前，分科课程盛行。虽然也伴随着综合化趋势，但总体上是一种课程弱势综合化的表现，分科是其主要特征。进入智能化时代以后，许多问题都需要多种知识并用才能解决，亟须开拓学生的多学科视野，提升学生的综合素质和创新能力，培养学生解决各种复杂问题的综合能力。因此，转"分科课程"为"综合课程"是人才转型的必然要求。智能化时代，综合课程的打造应该做到以下方面的综合：

（1）地域的综合。智能化时代，全球化趋势盛行，国际化问题成为常态，高等教育课程中不仅要涵盖本土文化，也应该涉及外来文化，培养世界通用的人才。

（2）知识的综合。时代的发展与进步增强了社会的复杂性，高等教育课程应容纳多个领域的知识，并打破各领域的分界线，避免因学科界限而束缚学生的视野，培养一专多能、博学多识的综合性高级人才。

（3）智能的综合。在智能化时代，社会所需人才不仅要具备专业能力，还要具备社交能力、心理承受能力、管理能力、自学能力等多元智能，高等教育课程要培养综合素质过硬的高质量人才。

（三）创新高等教育课程现代化设计

高等教育课程设计是一项复杂的工作，利用智能科学技术的突出优势明确高等教育课程目标、组织高等教育课程内容、推进高等教育课程实施、开展高等教育课程评价，从而创新高等教育课程设计，是智能化时代高等教育课程现代化的必经之路。

1. 运用智能工具，明确高等教育课程的目标

高等教育课程目标是高等教育课程的起点与归宿。虽然高等教育课程目标可以延续德、智、体、美、劳全面发展的五位一体观来确定，但由于高等教育课程的高深性与模糊性，依靠传统手段并不能量化评价学生在德育和智育层面是否已达目标。在智能化时代，运用智能辅助手段通过前测、制定、试行、修改、实施等五个阶段可以明确高等教育课程目标。

（1）运用智能机器对当前高等教育课程目标的实施情况进行前测，整理高等教育课程目标存在的问题并统计学生的需求，为高等教育课程目标的制定提供依据。

（2）根据前测结果制定高等教育课程目标草案。

（3）利用虚拟现实技术将制定的高等教育课程目标草案在仿真的虚拟空间内测试，收集试行过程中的数据以发现草案的漏洞。

（4）根据试测结果修改高等教育目标草案，反复多次测试、修改。

（5）形成明确的高等教育课程目标。至此，高等教育课程目标在智能工具的帮助下变得可视化和数量化，从而得以明确。

2. 运用智能知识，组织高等教育课程的内容

在高等教育课程改革中，课程内容改革是核心。组织高等教育课程内容主要涉及课程内容的选择和编排两个方面。

（1）高等教育课程内容的选择要适时。适时是指高等教育课程内容应跟上时代的步伐。在智能化时代，高等教育课程内容若要跟上时代的脚步，就必须运用智能知识加以组织。所谓智能知识是指能够引导学生通向智慧与提升能力的知

识，只有这样的知识才有通达智能的作用。因此，筛选高等教育课程内容时应摒弃阻碍学生智能增长的知识。

（2）高等教育课程内容的编排应遵循学生的智能发展规律。最近发展区理论提出：每个学生都有两个发展水平，一个是"真实水平"，一个是"可能水平"。高等教育课程内容应将适宜于学生"真实水平"的知识编排在前面，适宜于学生"可能水平"的知识编排在后面。同时，课程内容的难度应螺旋式上升，让学生在巩固与探索中循序渐进地增长智慧与才能。

3. 运用智能环境，推进高等教育课程的实施

智能化时代，推进新型基础设施建设（以下简称"新基建"），有利于打造智能环境，推进高等教育课程实施现代化。所谓新基建是指发力于科技端的基础设施建设，以网络化、数字化、智能化为支撑，具备集约高效、智能可靠特征的一系列现代化基础设施建设的总称。

（1）高校借助智联网建立一个涵盖四大平台、三大数据库和两大档案的智能终端。四大平台即综合管理平台、学习资源平台、校本资源平台以及教学办公平台；三大数据库即学生学习能力数据库、教师教学能力数据库以及学习内容难度数据库；两大档案指的是教师教学能力档案和学生学习能力档案。这个智能终端能为课程实施提供参考与反馈信息，并反作用于高等教育课程实施。

（2）建设智能教室。智能教室是以促进学生学习为出发点，整合多种科技成果，具备完整智能体系的开放教学空间，能为课程实施提供智能化的仿真环境。

（3）打造智能校园。智能校园是运用现代信息技术建设的一种充满信息的智能环境。智能校园内应遍布智联网和智能设备，并与校内外图书馆、学生手机互联互通，方便学生随时随地获取学习资源。

4. 运用智能系统，开展高等教育课程的评价

现代化高等教育课程评价在评价主体、评价对象、评价手段等方面表现出多元化趋势。为了提升高等教育课程评价的有效性，可以借助智能科学技术开发智能评价系统，推动高等教育课程评价现代化。智能评价系统的行为结构由输入、运行、输出、反馈四部分构成。在输入端口，教师及时地将课程实施情况输入至系统并保存到后台数据库，学生积极提交课程评价；在运行端口，系统对搜集到

的信息加以整理、归纳，并做统计分析，查找高等教育课程存在的问题及产生问题的原因；在输出端口，系统将运行端得出的结果输出，供课程相关者参考；在反馈端口，系统将课程相关者提出的解决方案传回输入端，再次输入运行系统，对课程进行调整，然后进行再评价。如此循环往复，运用智能评价系统来推进高等教育课程现代化进程。

▶ 第三节 数字技术赋能高等教育教学模式变革

"新一代信息技术的加速应用推进了高等教育系统的智能化变革，逐步构建了全新的高等教育治理范式与行动纲领。"[①] 数字技术赋能高等教育教学模式变革，将是未来深化高等教育改革发展的重要内容之一。高校必须以深化教育探索、加强教育创新及推进教育融合发展等内容为载体，积极做好对数字技术应用体系的完善，保证数字技术能在高等教育育人培养方面发挥全面性教育优势，帮助高校充分利用数字技术教育资源，深化高等教育教学模式变革发展，保持高校育人培养教育实践工作的前瞻性与先进性，构建更加适切、更加完备、更加开放、更加公平、更加卓越和可持续的高等教育新体系。

一、数字孪生技术赋能高等教育教学模式变革

在高等教育领域，数字孪生技术的引入标志着教学模式的一次重大革新，它不仅重塑了传统的教学环境，还深刻影响了教学过程的可视化与评估，以及学生个性化学习的实现路径。

（一）教学环境模拟与优化：打造理想学习生态

数字孪生技术通过构建高精度、多维度的虚拟校园环境，使得教育者能够以前所未有的细致程度模拟和优化教学空间。从教室布局到实验室配置，乃至校园

---

① 曾丽渲，邢鸿飞. 数字技术赋能高等教育现代化转型的内生困境与发展策略 [J]. 江苏高教，2024 (8)：71.

内的绿化与休闲区域,每一个细节都能在数字孪生模型中得到精准再现。这种模拟不仅限于静态的物理环境,还包括动态变化的光照强度、空气流通状况、噪音水平等关键因素。通过这些模拟,学校能够设计出既符合人体工学又兼顾心理健康的学习环境,有效提升学生的学习效率和舒适度。同时,数字孪生模型还能帮助预测和识别潜在的教学设施问题,如设备老化、维护不足等,从而提前采取措施进行预防或修复,确保教学环境的持续安全与稳定。

(二) 教学过程可视化与评估:提升教学质量与效率

数字孪生技术为教学过程的可视化提供了强大的技术支持。通过构建教学互动的数字孪生模型,教师可以直观地观察到学生在课堂上的反应、参与度和知识吸收情况。这种即时的反馈机制使得教师能够迅速调整教学策略,采用更适合学生需求的教学方法。此外,数字孪生技术还能记录和分析大量教学数据,包括学生的学习轨迹、成绩变化、兴趣偏好等,为教学评估提供科学、客观的依据。通过对比不同教学策略下的教学成效,教师可以更加清晰地认识到哪些方法有效,哪些需要改进,从而不断优化教学方案,提升教学质量和效率。

(三) 学生个性化学习支持:实现因材施教与精准辅导

数字孪生技术在学生个性化学习支持方面的应用尤为显著。通过收集和分析学生的学习行为、兴趣偏好、能力水平等多维度数据,学校可以构建出每个学生的个性化数字孪生模型。这些模型能够精准地反映出学生的学习特点和需求,为学生提供量身定制的学习路径推荐和学习资源匹配服务。例如,对于某个在数学上遇到困难的学生,数字孪生模型可能会推荐一系列针对性的练习题和在线辅导课程;而对于一个对文学有浓厚兴趣的学生,则可能推荐更多经典文学作品和相关研究资料。通过这种精准化的学习支持,学校能够更好地满足学生的个性化需求,促进他们的全面发展和成长。同时,数字孪生模型还能持续跟踪学生的学习进展和反馈情况,不断优化模型参数和推荐策略,确保学生始终处于最佳的学习状态。

二、区块链技术赋能高等教育教学模式变革

区块链技术,凭借其独特的去中心化、不可篡改及透明可追溯等特性,正逐步成为高等教育领域教学模式变革的重要驱动力。其在教育教学方面的应用,不仅革新了传统的教学管理模式,还极大地促进了教育资源的共享与跨校合作的深化,为高等教育的未来发展开辟了新路径。

(一) 数字化教学管理模式的重塑

区块链技术为高等教育教学管理带来了前所未有的变革。高校可以充分利用区块链的分布式账本特性,将学生的学习能力指数、课程成绩、学习行为等数据以不可篡改的方式记录在链上,形成一个个独立而又相互关联的数据区块。这些数据区块不仅记录了学生的学术成长轨迹,还为学生学习能力的分析提供了精准的数据支持。通过将学生实际能力与标准能力指数进行对比分析,教师可以更加清晰地了解学生的学习状况与需求,从而制订更具针对性的教学计划与辅导策略。同时,区块链的数据整合能力使得高校能够建立以提升学习能力、精准定位学习需求及培养学习兴趣为核心的教学新模式,有效融合了数字技术在教学管理中的应用优势,进一步完善了课程教学的教育实践体系。

(二) 学分互认与跨校合作的深化

区块链技术在高等教育领域的另一重要应用是实现了学分在不同高校之间的无缝互认。传统上,由于各校之间的学分体系、评价标准等存在差异,学生跨校学习或参与合作项目时往往面临学分难以互认的问题。而区块链技术的引入,通过构建统一的学分区块链平台,为各校提供了一个共享、透明且可信的学分认证机制。学生只需在平台上提交自己的学习成果与学分信息,即可获得其他高校的认可与互认。这不仅极大地简化了学分认证流程,降低了时间与经济成本,还促进了教育资源的优化配置与跨校合作项目的顺利开展。高校之间可以基于区块链平台共享课程资源、师资力量及科研成果等,共同推动教育教学质量的提升与科研创新的深入发展。

三、人工智能技术赋能高等教育教学模式变革

在当今这个信息爆炸的时代，人工智能技术以其卓越的数据处理与分析能力，正逐步成为高等教育教学模式创新的重要引擎。其在教育领域的广泛应用，不仅极大地丰富了教学手段，还深刻改变了学生的学习体验与成长路径，为高等教育的未来发展注入了新的活力与可能性。

（一）智能辅助教学：重塑教师角色，提升教学质量

智能辅助教学是人工智能技术在高等教育中的一大亮点。通过集成自然语言处理、机器学习等先进技术，人工智能系统能够辅助教师完成课程讲解、答疑解惑等教学任务，有效减轻教师的工作负担，使其能够更专注于教学设计与创新。同时，这些智能系统还能基于学生的学习数据与分析结果，精准识别学生的学习难点与兴趣点，为教师提供有针对性的教学反馈与建议。在此基础上，教师可以更加灵活地调整教学策略与方法，实现因材施教，进一步提升教学质量与效果。

更为重要的是，智能辅助教学还能够为学生提供个性化的学习支持。通过对学生学习数据的深度挖掘与分析，人工智能系统能够洞察学生的学习习惯、能力水平及兴趣偏好，并据此为学生量身定制学习建议与辅导方案。这些个性化的学习资源与服务不仅能够激发学生的学习兴趣与动力，还能够帮助学生更加高效地掌握知识与技能，实现学习成效的显著提升。

（二）自适应学习系统：促进自主学习，实现个性化发展

自适应学习系统是人工智能技术在高等教育中的另一重要应用。该系统能够根据学生的知识掌握情况与学习进度，动态调整教学内容与难度水平，为学生提供最适合自己的学习路径与资源。通过智能推荐算法与个性化学习路径规划，自适应学习系统能够精准匹配学生的学习需求与兴趣点，确保学生在学习过程中始终保持高度的积极性与参与度。

在自适应学习系统的支持下，学生不再受限于传统的固定课程安排与教学模式，而是可以根据自己的实际情况与需求进行自主学习与探索。这种灵活多样的

学习方式不仅能够满足学生的个性化发展需求，还能够培养学生的自主学习能力、创新思维与实践能力，为其未来的职业发展与社会参与奠定坚实的基础。

四、虚拟现实技术赋能高等教育教学模式变革

随着科技的飞速发展，虚拟现实（VR）技术以其独特的沉浸式与交互式特性，正逐步成为高等教育教学模式创新的重要驱动力。该技术不仅深刻改变了传统的教学方式，还为学生提供了前所未有的学习体验与成长路径，对高等教育的未来发展产生了深远影响。

（一）实验实训教学的革新

在理工科领域，实验实训是培养学生实践能力与创新能力的重要环节。然而，传统实验实训往往受限于场地、设备、安全等因素，难以全面覆盖所有实验内容与操作过程。虚拟现实技术的引入，则为这一难题提供了有效解决方案。通过构建高度逼真的虚拟实验环境，学生可以在无需实际接触危险或昂贵设备的情况下，进行复杂的实验操作与模拟。这种安全、低成本的实验方式，不仅降低了实验风险与成本，还极大地提高了实验教学的灵活性与可重复性。更重要的是，虚拟现实技术能够实时反馈实验数据与实际结果，帮助学生及时发现问题、分析问题并解决问题，从而加深对实验原理与操作流程的理解与掌握。这种基于数据驱动的实验教学模式，不仅提高了学生的实验技能与创新能力，还培养了他们的科学思维与问题解决能力。

（二）历史文化与地理教学的拓展

在人文社科领域，历史文化与地理知识的教学往往受限于时空限制，难以让学生亲身体验与感知。虚拟现实技术的出现，则为这一领域的教学带来了革命性的变化。通过构建高度还原的历史场景与地理环境，学生可以身临其境地感受古代文明的辉煌与异国他乡的风情。这种沉浸式的体验方式，不仅激发了学生对历史文化与地理知识的兴趣与探索欲望，还拓宽了他们的知识视野与跨文化交流能力。在虚拟环境中，学生可以自由穿梭于不同的历史时期与地域空间，与历史人

物进行互动对话，观察地理环境的变迁与演变。这种直观、生动的学习方式，使得抽象的历史概念与地理知识变得具体而生动，有助于学生更好地理解与记忆相关知识内容。

(三) 职业技能培训的升级

在职业教育领域，职业技能培训是提升学生职业素养与就业竞争力的重要途径。然而，传统职业技能培训往往受限于场地、设备、师资等因素，难以提供贴近实际工作场景的培训体验。虚拟现实技术的引入，则为职业技能培训带来了全新的解决方案。通过构建高度仿真的工作场景与任务要求，虚拟现实技术能够为学生提供贴近实际的职业技能培训体验。在虚拟环境中，学生可以模拟操作各种工作设备、执行各项任务要求，并通过实战演练来掌握职业技能与规范操作流程。这种基于实战演练的培训方式，不仅提高了学生的职业素养与技能水平，还培养了他们的团队协作与沟通能力。更重要的是，虚拟现实技术能够根据学生的表现与反馈进行实时调整与优化培训内容与方法，从而实现个性化、精准化的职业技能培训。

▶ 第四节 高等教育评价的数字化转型逻辑与策略

高等教育评价作为衡量与提升教育质量不可或缺的环节，其核心价值在于实现全面覆盖、客观公正及科学精准的综合评估，对于引领高等教育改革风向、促进教育质量飞跃具有不可估量的作用。步入数字时代，信息技术的飞速发展，尤其是数字化、智能化等新一代信息技术的蓬勃兴起，为高等教育评价的革新提供了前所未有的机遇与挑战，标志着教育评价领域正步入一场深刻的数字化转型浪潮。

一、高等教育评价数字化转型的整体逻辑

高等教育评价数字化转型是指基于技术创新，将传统的高等教育评价与互联

网、大数据、人工智能、区块链等新一代数字化信息技术结合起来，由电子信息平台加强线上线下服务深度融合的高等教育评价模式改革。从系统论来看，高等教育评价数字化转型注重数字技术植入高等教育评价所引发的全方位系统性变革，强调"人—机"的全面融合与协同。从维度论来看，数字化教育评价突破了"时间轴线"和"物理场域"的双重限制，实现了教育评价在时空上的叠加和融合，促使教育评价应用场景从单一走向多元，创设新的教育评价形态和模式。因此，高等教育评价数字化转型是一种划时代的系统性创变工程，关涉价值理念、专业标准、技术创新、制度规范等多个维度的协同驱动。

（一）高等教育评价的数字化转型的价值逻辑

"以人为本"作为高等教育评价数字化转型的核心理念，为其奠定了坚实的价值基础。教育的本质在于塑造人，因此，人的问题自然而然地成了教育及其评价体系的出发点与归宿。这一理念如同灵魂般贯穿于整个高等教育评价的数字化进程中，确保每一项评价活动都紧紧围绕着"具体的人"——即每一个独特的学生及其动态发展的身心状态而展开。它深刻体现了将学生置于评价核心地位的决心，尊重他们的生命独特性，悉心关注其个体特征、成长渴望及真实生活体验，致力于在人格、品德、情感、个性等多维度上促进学生的全面发展，让每一份潜能都能得到最大程度的释放，自我价值得以实现。

在此理念的指引下，高等教育评价的数字化转型追求着人性化、个体化和全面化的评价方式。一方面，它坚持教育评价的育人导向，明确评价旨在促进学生的全面个性发展；另一方面，在构建评价指标体系时，充分考虑并尊重学生的个体差异，将学生的独特背景、兴趣偏好、学习风格等因素纳入考量范围，实现量化与非量化指标的有机结合，避免"一刀切"的单一评价标准，而是量身定制评价方案，以更好地契合每位学生的成长需求。

尤为重要的是，尽管数字化手段在数据收集与分析上展现出巨大优势，但"以人为本"的教育评价理念强调，最终的评价决策权应牢牢掌握在人类手中。这是因为，人类作为复杂生物，其情感、价值观、创造力等深层次特质难以被机器算法简单量化。学生的学习表现深受家庭、社会、个人经历等多重因素影响，这些因素的综合考量需要人类的智慧与同理心,而非机械的算法所能替代。因此,确保评价过程中的人性关怀与公正性,防止评价被简化为机械化的数据处理,是数字化转型中不可忽视的一环。

同时,"以人为本"还体现在对教育评价公平与正义的坚守上。面对机器评价可能带来的算法偏见或数据不完整性问题,人类评价者能够凭借更加全面、客观和公正的态度,确保每位学生都能在评价过程中得到应有的尊重与对待,从而维护教育评价的公正性与准确性,为高等教育的健康发展保驾护航。

(二)高等教育评价的数字化转型的专业逻辑

高等教育评价的数字化转型旨在促进高等教育改革,提高高等教育质量的高等教育评价,在系统、科学、全面地搜集、整理、处理和分析高等教育信息的基础上,对高等教育的价值作出判断。高等教育评价内容是高等教育评价的核心,高等教育评价范围、评价维度、评价标准是高等教育评价内容的重要组成部分。数字技术的发展不仅拓展了高等教育的评价范围,还扩充了高等教育的评价维度,完善了高等教育的评价标准。

第一,评价范围更加拓展。数字化技术可以超越传统的单一学科评价范围,帮助实现跨学科综合评价,例如通过在线学习平台或数字化档案系统收集和整合学生在不同学科、不同课程中的学习成果和表现,从而更全面地评价学生的综合能力。此外,数字化技术促使高等教育评价由传统的教室、学校等单一的教育评价场景扩充为包括家庭场景、社会场景等在内的多元学习情境,为高等教育提供多样化的评价。

第二,评价维度更加多元。数字化技术可以拓展高等教育评价维度,使得评价内容更加全面和多样化。传统的评价可能局限于学术成绩和考试表现,而数字化技术可以收集和分析更多样的数据,包括学生的德、智、体、美、劳"五育"并举,以及学习行为、学习成效、情感价值观、批判性思维、创新能力等,从而更全面地评估学生的综合素养和能力。

第三,评价标准更加完善。数字化技术可以基于大数据分析和机器学习算法,通过分析历史数据和学习模式,建立更精准的评价模型,使评价标准更加客观和公正。与此同时，数字化技术可以根据学生的个性化学习路径和目标制定，包括认知、技能、情感态度以及社会责任等相应的评价标准，使评价标准更加完善，更加贴近学生的实际需求和学习目标。

(三) 高等教育评价的数字化转型的技术逻辑

在数字化浪潮的席卷之下，高等教育评价的数字化转型不仅是教育现代化的必然趋势，更是数字技术深度渗透与融合教育领域的具体体现。这一转型过程，其核心在于数据要素驱动的技术逻辑，它不仅是高等教育评价适应数字时代变革的现实需求，更是推动教育评价体系创新发展的内在动力。

数据要素作为数字时代的新型生产要素，其核心价值在于通过海量、多维、动态的数据资源，为教育评价提供前所未有的信息支撑与决策依据。在高等教育评价的数字化转型中，数据要素驱动的技术逻辑涵盖了从数据采集、存储、分析到应用的全过程，形成了一个闭环的生态系统。这一系统通过高度集成的传感器网络、智能监测设备、互联网、移动设备及各类数字平台，实现了对教育评价活动的全面覆盖与深度渗透，生成了包括结构化、半结构化及非结构化在内的多样化数据类型，为教育评价提供了丰富而全面的数据源。

技术逻辑的首要环节在于数据的采集与存储。通过先进的物联网技术、云计算平台及大数据处理技术，高等教育评价能够实现对学生学习行为、教学成果、教育资源利用等多方面的实时、精准捕捉与记录。这些数据随后被导入到高效、可扩展的教育评价数据库系统或数据仓库中，进行集中化、规范化的存储与管理，为后续的数据分析与应用奠定坚实基础。

数据分析是数字化转型技术逻辑的核心环节。借助统计分析、数据挖掘、机器学习等先进算法，教育评价者能够深入挖掘数据背后的关联、规律与趋势，实现对教育现象与问题的深刻洞察。例如，利用自然语言处理技术对学生的学习反馈进行情感分析，或运用深度学习算法对学生的学习成效进行精准预测，这些技术的应用极大地提升了教育评价的科学性与客观性。

最终，数字化技术通过智能模型与可视化工具，将复杂的分析结果转化为直观、易懂的图表与报告，为教育管理者、教师及学生提供精准的评价反馈与决策支持。这一过程不仅实现了教育评价的精细化与个性化，还促进了教育资源的优化配置与高效利用，推动了高等教育评价体系的智能化升级。

数据要素驱动的技术逻辑，在高等教育评价数字化转型中展现出显著的边际成本递减与边际效用递增效应。随着数据规模的扩大与技术的成熟，评价成本逐渐降低，而评价效果则显著提升。同时，数字化技术还打破了传统评价体系的时空限制，实现了评价过程的实时化、动态化与远程化，为构建开放、协同、共享的高等教育评价生态提供了可能。

综上所述，高等教育评价的数字化转型，其技术逻辑深刻体现了数据要素的核心价值与数字技术的强大潜力。通过构建以数据要素驱动为核心的技术体系，高等教育评价不仅实现了评价流程的重塑与优化，更在提升评价科学性、客观性与准确性的同时，推动了教育治理体系的现代化与智能化发展。

（四）高等教育评价的数字化转型的制度逻辑

多元主体参与是高等教育评价数字化转型的制度逻辑和实践目标。具体而言，作为一项极具复杂性的系统工程，高等教育评价的数字化转型是借由包括政府、社会、科研机构、学校、家长、学生等多股力量得以共同统筹推进，其实践目标是建成人人参与、人人尽责、人人享有的数字化高等教育评价体系。多元主体参与的高等教育评价的数字化转型对整合社会资源、促进技术变革创新、满足多元主体需求、完善法律和政策环境发挥了至关重要的作用。

第一，整合资源支持。高等教育数字化转型需要涉及多方面的资源，包括资金、技术、人力等，单一主体难以满足全部需求。政府、教育机构、行业界、科研机构等各方都可以提供不同方面的资源支持，通过合作共享，实现资源优势互补，共同推动数字化转型的实施。

第二，助力技术变革创新。数字化转型涉及多种前沿技术的应用，如人工智能、大数据、云计算等。只有多元主体的参与，才能促进技术的创新和实践，推动数字化技术在高等教育领域的应用和发展，从而通过这些变革后的高新技术为学生提供个性化的教学和学习支持。

第三，满足多元主体需求。高等教育涉及多个方面的需求和利益，包括政府对教育发展的战略目标、教育机构对教学质量和学生培养的需求、学生对学习体验和就业前景的关注、行业界对人才培养的期待等。只有各方共同参与，才能充分考虑到多元需求，实现数字化转型的整体目标。

第四，完善法律和政策环境。数字化转型涉及法律法规的遵守和政策环境的支持。政府作为监管主体，需要出台相关政策和法律法规，为数字化转型提供合法合规的制度环境。同时，各主体的合作和参与也可以为政府提供实施政策的参考和支持。

二、高等教育评价数字化转型的应对策略

加快推进高等教育评价数字化转型是螺旋式上升、波浪式前进的过程。针对数字化转型实践中的困难和挑战，应更加注重以下几点：

（一）转变价值理念，强调人机融合

高等教育评价的数字化转型中，"以人为本"的价值理念侧重于关注学生的发展，数据为本的思维范式侧重于关注高等教育评价的效率和成本。应对高等教育评价数字化转型衍生的价值冲突需要转变价值理念，把"以人为本"与数据为本理念进行深度整合，强调人机融合，构建人与数据的平衡格局。

一方面，秉持数据向善、以人为本的教育导向。数据向善是指把"以人为本"当作数据的尺度，把数据规则体系纳入由法律、伦理所构建的社会规则体系中，以造福人类为准则。数据向善要求在利用数据进行高等教育评价时，既要确保采集到的数据信息真实安全可靠，也要保证这些数据应用的最终目的是为学生个体提供有益发展指导。

另一方面，为更好推动高等教育评价数字化转型，必须以注重"以人为本"的基本立场作为价值引领，强调人机融合、人数融合的评价理念，不能只顾评价效率而忽视人本需求。

人机融合是指深度融合人机智能和人类智慧，避免简单依赖算法技术而忽略人类独特洞察力及情感因素对于学生成长所起到的积极影响。既要充分利用大数据的强大分析能力，通过引入智能算法、自然语言处理以及数据挖掘等技术手

段，更加全面收集、整理和分析学生的学业表现数据，扩大教育评价数据的信息容量，提供更加准确、客观的评价结果；也要在评价过程中，时刻保持人的在场，重点关注师生的需求和利益，尊重每个教师的专业知识和经验，并给予他们适当的自主权。

（二）丰富评价内容，培育数字人才

数字技术的集成创新有助于丰富高等教育评价内容，培养数字人才。

第一，扩充评价范围。数字化时代的高等教育评价应该超越传统的学科知识范畴，从更加广阔的角度来考查学生的综合素养和能力水平。例如，可以采用多元化的评价方式，如项目式学习评价、论文写作评价、演讲比赛评价等，以全面地评估不同学科领域的学生。此外，还可以通过引入大数据分析技术，对学生的学习过程进行全方位的跟踪和分析，从而更好地了解他们的学习状况和发展需求。

第二，扩充评价维度。数字化时代的高等教育评价不仅要关注学生的学科知识和技能，还要注重培养学生的数字素养、创新精神和社会责任感。因此，评价的维度应该从单一的知识传授转向多元的综合素质发展，增强学生数字意识，提升学生数字素养，注重培养数字人才。

第三，统一评价标准。数字化时代的高等教育评价应该统一建立科学合理的标准体系，既要考虑学生的个体差异，又要符合教育教学规律和教育质量要求。评价标准应具有可操作性和公正性，能够客观准确地反映学生的实际能力和潜力。标准体系的建立更需要遵循一定的原则和方法，以确保评价结果的公正性和可靠性。其中包括需要明确评价的标准和指标，并制定相应的量化方法和计算公式；建立一个科学的评价模型，将各维度之间的权重进行合理分配，以保证各个维度的贡献得到充分体现；建立一套有效的数据采集和处理机制，确保数据的准确性和及时性。

（三）加强技术审查，规避安全风险

高等教育评价的数字化转型面临数据泄露风险、技术漏洞风险以及数据假象

风险。为营造安全的数字化教育评价环境，最大限度降低这些数据安全风险，高校需要加强技术审查、培养师生数字安全意识、与第三方合作开展独立审核等安全措施。

第一，通过建立完善的技术审查机制规避数据安全风险。这既包括对系统和应用程序等软硬件进行定期检测和漏洞扫描，及时修复发现的安全漏洞；也包括对网络设备进行严格管理和监控，防止未经授权的访问；还有采用多层次、多维度的身份验证方式，确保只有合法用户才能够访问敏感数据。

第二，培养师生数字安全意识。通过组织有关数字使用安全的培训课程，使教育评价人员了解常见的数据安全威胁和攻击手段，并学习如何正确使用技术工具以及处理潜在风险。同时，引导他们养成良好的信息安全意识和行为习惯，在日常操作中注意个人账号密码、文件传输等环节的保护。

第三，在整个数字化转型过程中需要与安全专业的第三方机构合作开展独立审核与测试工作。专业的第三方安全审核机构具备经验与专业知识，在技术安全审查方面能够提供更为客观、权威的评估结果，并会针对存在问题给出相关建议。当然，需要注意的是，选择专业第三方合作伙伴首先需要审查其安全性，确保其可信度。

（四）提升数字素养，实现互联共通

数字化高等教育评价的科学性、有效性和精准性需要加强教育评价主体的多元参与，并通过提升主体数字素养，促进多元主体间互联共通机制的建设。

第一，高等教育评价的数字化转型并不是依靠单一主体——高校及其内部人员的参与就能完成，而是应当使高等教育评价过程向社会开放，允许政府、社会、家长、学生参与到教育评价的全过程，改变过去高校一揽独大，独立对学生进行评价的方式。与此同时，通过加强对各方评价主体的培训与技术指导来提升他们的数字素养水平。提供系统化、全面性的数字技术培训课程，使其能够熟练掌握各种常用软件和工具，并了解如何有效利用这些工具进行信息整合和数据分析应用。

第二，整合各方主体资源，实现教育评价的互联共通。通过建立统一各主体

间的制度规范体系，破除他们之间的制度壁垒，来调节各方价值利益冲突，进而帮助整合各方资源，实现各个组织部门间的无缝衔接与合作。同时建立起开放、透明且包容性强的评价平台或系统，鼓励持有数据的各方组织间加强沟通交流。在沟通交流过程中，各组织可以分享自己所积累的丰富教育评价数据资源，增强对彼此数据资源优势及需求的相互了解并形成价值共识，实现教育评价数据的互联共通。

第三章 产教融合与数字经济的协同发展研究

▶ 第一节 产教融合理论框架及影响因素

"产教融合是基于产业发展需要，通过校企合作、联合创新、人才培养等多种形式，促进企业与学校之间的资源共享和互动，提升人才培养质量和产业竞争力。"[①]

一、产教融合的提出与发展

(一) 产教融合的提出

产教融合在教育行业是一个新生事物，它最早由高等职业院校根据职业人才培养的需求提出，目前已经被其他层次的教育纳入人才培养的模式中。产教融合的最初目标是寻找一种学习与生产实践无缝对接的产品，让学生能全流程参与产品生产的过程，将学习的理论知识与生产实践相结合，促进学生理论联系实践的能力、动手能力得以提高。产教融合这一构想是职业教育在时代发展要求下的重大构想，这种模式符合现代社会发展对人才的要求，已经被越来越多的各类人才培养组织所吸收应用。

"产教融合的相关构想是一个从无到有、从模糊到具体的过程，这符合事物发展的一般规律，更加符合教育发展的规律"[②]。传统的职业院校人才培养模式——校企合作有其局限性，而产教融合在一定程度上弥补了一些缺陷，并在更深

[①] 李芳，邢军，孙晶，等. 新形势下关于产教融合的实践模式探索 [J]. 科技风，2024（8）: 64-66.

[②] 黄艳. 产教融合的研究与实践 [M]. 北京：北京理工大学出版社，2019: 2.

层次上实现了学生与生产实践的融合发展。学生与产业这两个主体的深度合作有利于提高教育行业与企业的发展水平，从而实现学校办学与企业效益的双丰收。

产教融合与校企合作相比，学校与企业的合作深度不同，紧密程度不同，产教结合的形式不同。产教融合的最大优势在于学校与企业达成的纵深、高效、稳定、紧密的关系，通过产教融合的培养方式，学校办学实力和企业发展实现了双赢。

产教融合培养模式有两个不同的发展方向：一是培养实践水平高、创新能力强的实用人才；二是培养以研发和学术研究为主的科研人才。无论是哪种培养方向，产教融合的最终结果都是一样的。学生适应社会的能力、个人综合素养得到了显著提高，能更加顺畅地完成从校园到企业、从学生到社会人的转变；企业获得了高素质的人才队伍，使劳动力这一生产力发展中最活跃要素的素质得到了大幅提升，这势必会促进区域经济水平的提高，进而推动整个社会的发展。这一连锁的发展链条让越来越多的学校和企业看到了新契机，并主动参与其中，产教融合因此进入了发展的快车道。

（二）产教融合的发展

产教融合的发展历程有其曲折性，为了寻求最佳的合作方式，学校和企业这两个融合的主体都经历了相当长时间的探索，最终学校和企业在秉持实现双赢、责任共担、利益共享的发展观念的前提下，在相辅相成、相互约束的关系中达成了合作。在产教融合的实践中，业界比较认同的方式是：吸引在管理和技术上占优势的企业，鼓励其加入校企合作的联盟中。企业以管理和技术为要素加入生产，高校以学生和生产设备为要素加入生产。学校和企业联合制订教学生产计划、进行产品的生产，在产品的生产全过程中贯穿教学内容。由此，教师和学生学到了企业管理和产品生产的技术，学生熟悉了具体的产品的生产流程，企业也在低成本的投入下使经济效益得以提高，学校和企业发展实现了双丰收。

社会经济的发展除了给职业教育提供了基本的物质保障之外，还产生了以下重大的影响：更多实力雄厚的企业加入了校企合作的联盟，创造了优良的校企合作环境；职校学生有了更多实习和职业选择；职业教育教师个人素质提升，德才兼备、综合性强，职业教育教师队伍也更加壮大；经济发展，人们的职业教育观念转变，等等。

社会不断发展，对人才的需求类型也在不断变化，实践型人力资源是近现代社会发展的产物。实践型人才指的是能从事一线技术操作的专业人才，他们能将专业知识和专业技能很好地结合起来，并高效运用于生产实践中，他们有专业知识、有动手能力，是当今社会发展急需的人力资源。当然，随着社会的进步，教育历史的不断发展，实践型人力资源的定义也会发生变化，但是其关键要素是永恒不变的，那就是一线操作技能及将专业理论知识与实践结合的能力。有关实践型人才的培养，始终要坚持以实践能力培养为主，着重提高每个学生对理论知识的思考、掌握和运用，培养适合未来经济发展、社会发展的实践型人才。

当然，实践型人才的培养只是产教融合中的一个着力点，教师队伍、合作企业等因素同样需要重视。在社会经济发展的大背景下，产教融合的水平在不断更新升级，对合作企业的质量和数量要求也有所提升，实践型人才的培养方案也需要不断调整。只有在学生、教师、企业和社会的合力作用下，才能达到职业教育为社会发展输送宝贵人力资源，为相关行业提供前沿理论、技术指导，进行技术支持的服务等目标。

此外，高校注重产教融合的水平和达到的高度的原则不仅体现在高校自身专业设置、教学层面、管理产教融合的水平等微观方面，还体现在高校在宏观上将产教融合办学模式提高到一定层次，提高为学生、行业企业、政府及社会经济发展服务的能力。同时，高校应在保持自身优势资源、提高自身产教融合的水平的同时，注重提高与行业企业、商业协会以及培训机构等多方主体合作的产教融合的水平及合作的深度，注重与地方政府、行业企业、商业协会等主体形成互利共赢，注重可持续和长远发展，注重兼顾社会效益和经济效益的合作关系。

总而言之，学校要不断调整自身的发展以适应经济发展的需要，并且争取成为经济发展的助推力量。在社会主义市场经济背景下的产教融合，是一种产、学、研一体的融合模式，不仅具备教育和企业的多种功能，还具备随时应变产业结构调整和参与市场竞争的能力，是在学校、企业、行业以及社会相关部门的不同程度参与下形成的一种新的社会组织结构，肩负着助推职业教育改革和社会经济发展的重任。从这个角度来说,产教融合的发展在很大程度上会影响经济发展。

二、产教融合的特点

社会的发展变化体现在政治、经济及思想文化的全面发展。随着社会主义市场经济产业结构的不断变化发展,产教融合也需要根据市场需求不断调整,具体表现为行业、产业、院校等多个主体动态融合的特点,具体如下:

(一)高层次立体式的融合

现代社会对个性化发展的需求越来越突出,市场经济追求多元化的同时也推动了产业类型的多样化,企业对多元化、综合能力突出的人才的需求量上升,这就要求高校健全以需求为导向的人才培养结构。产教融合全方位服务社会的目标要求这种融合不应是单一的合作,而应是更高层次、纵深化、立体化的产教融合。区别于传统校企合作低层次、平面的融合形式,产教融合打破单一或双向合作的形式,促进了教育链、人才链与产业链、创新链的有机衔接。立体式融合后的职业教育体系囊括了生产、教学和科研的特色,自身在成为生产主体的同时,还联动企业直接创造了经济效益,培养大批产业发展需要的技术人才的同时,还为产业的可持续发展提供了智力支持。

基于市场对可持续发展人才的需求,高校需要强化就业市场对人才供给的有效调节,产教融合的形式就能很好地促进市场机制发挥出调配非基本公共教育资源的作用。企业需求的人才类型为学校培养方向提供指引,学校输送给企业满意的人才也促进了企业经济效益的提高;产教融合组织内部开展的基础研究、应用研究等,为产业发展提供了理论依据,为职业教育内容提供了前沿的信息资源,加速了行业的创新、教育的与时俱进。由此,企业、院校、科研三者的立体化融合形成了良性的循环体系,形成的合力会不断向外扩散,发挥积极的社会作用;经济的发展、社会的进步和教育的全面提升相辅相成、互相促进。

(二)面向市场需求的融合

当前,在市场经济的产业化发展的大背景下,以某个行业、产业发展的需求为导向，以实现经济效益最大化为目标，依靠专业的人才团队提供服务，系列化、品牌化的经营模式逐步显现优势。这类组织的基本特点是：以市场需求比例为准、专业化高效生产、龙头企业与衍生产业配合等。遵循市场经济发展规律，理性对待优胜劣汰，建立灵活的专业预警和退出机制，引导高校及时调整设置雷同、就业连续不达标的专业或停止招生，最大化弥补产教融合运作机制中的不足。

因此，社会主义市场经济背景下的产教融合是一种面向市场的融合。教学、科研、生产三个主体深度融合，发挥着各自优势，它们有分工也有联合，以最佳组合形式投入生产，从而产生最大的经济效益，营造了良好的市场环境和前景，企业品牌的建立也使其在市场竞争中脱颖而出，产业化的发展衍生出的与其他项目的深入合作，也使得整个市场更加井然有序。

（三）以企业需求为出发点的融合

综观我国教育发展历程，培养人才一直是教育发展的一大目标，产教融合模式更是强调职业教育要从企业的需求出发，"引企入教"，促进企业深度参与高校的专业规划、教材开发、教学设计、课程设计、实习实训，使企业最大化地融入人才培养的环节。我国传统的职业教育忽视了市场这一"晴雨表"，没有找到企业与院校合作共赢的路径，违反了教育产业化发展的规律，必将被市场所抛弃。以企业需求为出发点的产教融合，以社会、企业、学校等合作主体的需求为前提，时刻关注市场供求变化，以企业为主体推动协同创新和成果转化，不断调整、不断更新，以寻求各主体的发展平衡点。这样就更明确了各主体合作的方向，强化了合作各方的积极性、引领性。

（四）多主体管理方式的融合

在产教融合发展模式中，多主体管理是其一大特点，如何确立好各主体的地位尤其重要，是为产教融合提供法治保障的前提。在以往的校企合作中，深度融合活动无法长久推进的关键原因是各个主体之间的权利与义务模糊，合作难以持久进行下去。但是，随着社会的进步和教育的发展，我们看到产教融合的主体正在发生变化,以院校为主体的传统模式逐渐消失,取而代之的是企业和行业的主体地位的强化,骨干企业的引领作用也在不断加强。我们应该认识到有效的产教融合是建立在社会、学校、企业等组织合理分工、共同管理、权责分明的前提之下的,各主体在明确的权责范围内发挥着各自的优势,主人翁意识不断增强,核心企业的管理制度在对学校和其他合作单位进行规范的同时,也使得产教融合管理工作更加顺利地推进。

三、产教融合的功能及作用

产教融合是实现校企联合发展、全面提高学校综合实力、促进企业发展的重要方法和有效措施,是教育、社会和经济价值三者的集中化体现。产教融合将理论学习与实践、科学研究相结合,有效地保障了高校培养人才符合企业需求,为企业发展提供了大量的优质人才,促进企业的发展,从而对社会主义市场经济产生催化作用,让其得以高质量发展。

近年来,企业与中等职业学校的合作正在逐渐加强。当企业通过外部环境感知到自己所需要的人才类型时,可以立即反馈给学校,让学校根据新的标准去培养人才。而学校的及时响应,能够让培养的人才跟上时代的步伐。在我国,开展产教融合与校企合作培养技术人才,具有深厚的教育和经济背景。

从经济的角度来看,我国已经处在工业化发展中期,正在加快实现产业升级和转型,并建立以创新为导向的现代化产业体系。企业对复杂和创新技术人才的需求越来越强烈,这一趋势也正在改变工业企业。确保技术应用和技术人才满足企业需要并使人才得到全面发展是研究学者非常关注的问题,具有重要的研究意义和研究价值。从教育的角度来看,很长一段时间以来,我国职业教育的主要特点是,职业学校是培养新技术人才的主要支柱,经济领域的企业在职业学校的人才储备不够。在教育领域,大专院校对产教融合、校企合作、联合教育和研发的需求特别高,但面临的挑战也更大。

通过产教融合以及校企合作的方式,培养技术人才是国际职业教育的普遍法则。产教融合促进了国家治理体系进一步发展和治理能力的现代化,并提出了解决职业教育瓶颈的新观点和高层思维。职业教育的发展与社会经济发展密切相关,它是为社会培养高技能人才的重要摇篮,它的发展与国家的经济发展和社会和谐息息相关。

职业教育治理体系的优化和治理能力的现代化是国家治理体系和治理能力现代化的有机组成部分。职业教育的全面深化改革能够促进国家治理体系和治理职能现代化的发展,具有重要意义。改革开放以来,在政府以及学校的努力下,职业教育的发展取得了丰硕的成果。但是,这一成果还达不到我国的经济和社会需求以及人们的期望。职业教育的发展仍然还有很大的发展空间,且职业教育本身仍有很多问题,是其外部系统和体制机制所导致的。

我国职业教育的校企合作创设了"订单式"培养、工学交替、校中厂、厂中校、"政、校、企"三方联动等一批具有区域行业特色的校企合作人才培养实现形式,形成了"合作办学、合作育人、合作就业、合作发展"的校企合作人才培养理念,但是职业教育校企合作也遇到了较多的困惑、问题和困难,尤其是参与各方对职业教育校企合作的国家、政策制度的缺失体会颇深,对职业教育在国家政策、制度层面的顶层设计改革有着较为迫切的诉求。实行校企合作、工学结合的职业教育人才培养模式,是技能型人才培养的有效途径,体现了职业教育的本质特点。职业教育所肩负的培养技能型人才的任务需要高校与行业企业共同承担,日益成为高校、广大企业和社会各界的共识。

从"单维"管理理念转向"多元"治理理念,在治理理论的指导下,借鉴国际比较经验,研究职业教育的多元治理主体的权责、实行管办评分离、多样化治理工具、完善的治理制度体系、治理指标体系、治理的制度包与工具包等,具有巨大的经济和社会意义。首先,完善职业教育治理体系、实现职业教育治理能力现代化,将有助于我国数以亿计的技术技能人才的培养和可持续发展,有助于职业教育突破上述瓶颈和困境,增强职业教育服务产业结构调整、经济发展方式转变的针对性和实效性;其次,对职业教育治理体系和治理能力现代化的研究,有助于促进我国社会民主与全面提升,增强人民群众学有所教、学有所用的终身学习途径和机会,依靠职业教育提升国民素质和发展能力,提升体面就业、幸福生活的民主和谐境况。

四、产教融合的影响因素

"产教融合不仅仅是高校人才培养改革的主旋律,更是市场经济体制下校企合作与校企共赢的必然趋势。"① 在产教融合的过程中,影响高校和企业合作的因素繁杂众多,它们相互影响、相互作用、相互串联,有的是并列关系,有的是因果关系。这些因素之间存在着相对的不确定性,各种作用的强度和关系准确性也较低,这些都增加了产教融合的复杂性和难度。因此,若要对影响产教融合的相关因素进行全面综合的分析评价,必须对各个因素从多个角度进行综合考虑,这样才能保证分析的科学性。

(一)主体因素

1. 学校

产教融合作为一种教育与产业深度结合的教育模式,其有效实施与多方面因素密切相关,其中学校作为产教融合的主体之一,其影响尤为显著。学校的教育理念是产教融合实施的基础。传统上,学校以知识传授为主,而产教融合则要求学校更加注重实践能力的培养和与企业实际需求的对接。因此,学校的教育理念是否开放、创新,是否愿意并积极寻求与企业的合作,成为产教融合能否顺利推进的关键因素。只有学校树立了以市场需求为导向,以学生为中心,以实践能力培养为重点的教育理念,才能为产教融合的实施奠定坚实的基础。

学校的课程设置和教学内容直接影响产教融合的效果。产教融合要求学校的课程设置更加贴近企业的实际需求,教学内容更加注重实践性和应用性。因此,学校需要不断优化课程设置,更新教学内容,引入企业的实际案例和项目,使学生在学习过程中能够更好地了解企业的运营模式和实际需求,为将来的职业生涯做好充分准备。

学校的师资力量也是产教融合的重要影响因素。产教融合需要学校拥有既懂

---

① 姜雄,李丰,曾莹莹. 产教融合视域下人才培养质量影响因素探究[J]. 职业技术,2022,21(3):64-69.

教育又懂产业的双师型教师。这类教师不仅具备扎实的理论知识，还拥有丰富的实践经验，能够在教学过程中将理论知识与实践操作相结合，更好地指导学生进行实践学习。因此，学校需要加大对双师型教师的培养和引进力度，提升教师的整体实践教学能力。

学校的实习实训基地建设也是产教融合的关键因素之一。产教融合强调学生的实践能力培养，而实习实训基地则是学生进行实践学习的重要场所。因此，学校需要积极与企业合作，建立稳定的校外实习基地，同时加强校内实训基地的建设和管理，为学生提供更加完善的实践学习环境。

此外，学校在产教融合中的角色定位也影响其实施效果。学校需要明确自己在产教融合中的定位，是主导者、参与者还是服务者，并根据定位制定相应的策略和措施。同时，学校还需要建立完善的产教融合管理机制和评价体系，确保产教融合的顺利实施和有效评估。

2. 企业

企业作为产教融合的重要参与方，其影响因素尤为关键且复杂。

企业的参与意愿和合作态度是产教融合能否顺利推进的首要因素。企业在追求经济效益的同时，也需要关注人才培养和社会责任。因此，企业是否愿意积极参与产教融合，是否愿意投入资源与学校共同培养人才，成为产教融合能否取得实效的关键。企业需要认识到，通过产教融合，可以培养更符合企业需求的人才，提高企业的创新能力和竞争力，从而实现企业与学校的共赢发展。

企业在产教融合中的角色定位也影响着其实施效果。企业可以作为实习实训基地的提供者，让学生在实际工作环境中进行实践学习；企业也可以作为课程开发的合作者，与学校共同设计符合企业需求的课程；企业还可以作为就业指导的提供者，帮助学生更好地了解职场环境，提高就业竞争力。因此，企业需要明确自己在产教融合中的角色定位，并根据定位制定相应的策略和措施。

企业的资源投入也是产教融合的重要影响因素。企业在产教融合中需要投入一定的资源，包括资金、设备、技术等，以支持学校的实践教学和人才培养。同时，企业还需要投入人力资源，派遣有经验的员工担任学校的兼职教师或实习导师，为学生提供更加贴近实际的指导和帮助。企业的资源投入程度直接影响着产教融合的实施效果和人才培养质量。

企业的文化和管理模式也会对产教融合产生影响。企业文化和管理模式是企业的重要特征，它们影响着员工的工作方式和价值观念。在产教融合中，企业需要与学校共同营造积极向上的学习氛围和合作文化，使学生能够更好地适应企业的文化和管理模式，为将来的职业生涯做好充分准备。

企业与学校之间的沟通机制和合作模式也是影响产教融合的重要因素。企业需要与学校建立稳定的沟通机制，及时交流人才培养的需求和进展，共同解决实施过程中遇到的问题。同时，企业还需要与学校探索多种合作模式，如共建实训基地、共同开发课程、共享资源等，以实现更加深入和广泛的产教融合。

（二）环境因素

1. 内部环境因素

产教融合作为教育与产业深度融合的教育模式，其成功实施和持续发展受到多种内部环境因素的共同影响。这些内部环境因素构成了高校和企业能够达成合作的内力，主要包括经济效益因素、创新资源因素、主体战略因素、技术积累因素以及潜在风险因素等。

经济效益因素是校企合作的重要驱动力。企业作为市场主体，追求经济效益是其核心目标之一。在产教融合过程中，企业通过与学校合作，可以获得更加符合企业需求的人才资源，降低招聘和培训成本，从而提高企业的经济效益。同时，学校也可以通过与企业合作，获得更多的资金支持和实践机会，提升学校的教学质量和科研水平。因此，经济效益的考量是校企双方是否愿意开展产教融合合作的重要因素。

创新资源因素也是校企合作的关键因素。在产教融合过程中，高校和企业可以共享彼此的创新资源，包括人才、技术、设备等。这种资源共享有助于推动双方的科技创新和产品研发，提升整体的创新能力。特别是对于高校来说，与企业的合作可以使其更加了解市场的需求和技术的发展趋势，从而更加有针对性地开展科研和教学活动。

主体战略因素也对校企合作产生重要影响。高校和企业作为产教融合的两个主体，其各自的发展战略和目标会影响合作的深度和广度。如果双方的发展战略和目标高度契合，那么合作的可能性就更大，合作的效果也会更好。因此，在推进产教融合的过程中，需要充分考虑双方的战略需求和发展目标，以实现更加紧密和有效的合作。

技术积累因素也是校企合作中不可忽视的一环。企业在长期的生产经营过程中会积累大量的技术知识和经验，而高校则拥有丰富的学术研究和理论知识。在产教融合过程中，双方可以通过技术交流和知识共享，实现技术优势互补和协同创新。这种技术积累的交流与共享对于提升双方的创新能力和技术水平具有重要意义。

潜在风险因素也是校企合作中需要考虑的重要因素。在产教融合过程中，可能会面临各种潜在的风险和挑战，如合作双方的文化差异、利益冲突、知识产权纠纷等。这些风险因素需要双方在合作前进行充分的评估和预防，以确保合作的顺利进行和预期目标的实现。

2. 外部环境因素

校企合作作为一种跨领域、跨行业的合作模式，不仅受到内部环境因素的深刻影响，同时也置身于一个更为广阔和复杂的外部环境之中。这个外部环境是由多种因素交织而成的，主要包括政治环境、市场经济环境、社会环境以及科学技术环境，它们共同作用于校企合作的每一个阶段和层面，对校企合作的发展产生着深远的影响。

政治环境是校企合作不可忽视的外部条件。政府的政策法规、政策导向以及对于教育和产业的支持力度，都会直接影响到校企合作的深度和广度。一个稳定、开放、鼓励创新的政治环境，能够为校企合作提供更多的机会和空间，促进双方更加紧密合作，共同推动教育和产业的发展。政府还可以通过制定相关的法律法规和政策措施，为校企合作提供法律保障和政策支持，降低合作的风险和成本。相反，如果政治环境不稳定或者政策导向不明确，那么校企合作就可能面临更多的不确定性和风险，合作的难度和成本也会相应增加。

市场经济环境也是影响校企合作的重要因素。市场经济的运行状况、行业发展趋势、市场竞争格局等都会影响到企业的战略选择和高校的人才培养方向。在市场经济环境下，企业需要不断调整自身的战略和业务模式以适应市场的变化，提高竞争力和市场占有率。而高校也需要根据市场的需求来调整专业设置和教学内容，培养更加符合市场需求的高素质人才。因此，市场经济环境的变化会直接影响到校企合作的模式和效果，双方需要密切关注市场动态，灵活调整合作策略和模式。

社会环境对于校企合作也有着重要的影响。社会的文化背景、价值观念、教育水平以及对于校企合作的认知和态度，都会影响到合作的开展和推进。一个积极、开放、支持创新的社会环境，能够为校企合作提供更好的社会氛围和舆论支持，促进双方更加顺利地开展合作，实现共赢发展。而一个保守、封闭、对校企合作持怀疑态度的社会环境，则可能给合作带来更多的阻力和困难。因此，双方需要积极营造有利于校企合作的社会环境，提高社会对校企合作的认知度和认可度。

科学技术环境是校企合作中不可或缺的一环。科学技术的进步和创新是推动社会发展的重要力量，也是校企合作的重要基础。在科学技术快速发展的背景下，企业需要不断引进和应用新技术来提升自身的竞争力，开拓新的市场和业务领域。而高校也需要关注科学技术的前沿动态，调整自身的科研方向和教学内容，培养具有创新精神和实践能力的高素质人才。因此，科学技术环境的变化会直接影响到校企合作的领域和深度，双方需要密切关注科学技术的发展趋势，加强科技创新和人才培养的合作。

▶ 第二节 数字经济时代产教融合创新应用型人才培养

如今，数字经济以知识及信息作为重要的生产要素，通过数字技术作为核心驱动力量，结合现代信息网络载体，融合实体经济以及数字技术，可促使经济社会智能化发展、网络化发展及数字化发展，打造经济发展及治理模式新形态。数字经济迅速发展为培养创新应用型人才指明了新的方向。

一、数字经济时代对高等教育产教融合提出的新要求

数字经济时代的到来，对高等教育产教融合提出了新的、更高的要求，这些要求体现在多个层面，对高等教育的理念、模式以及实践都产生了深远的影响。

第一，数字经济时代以其固有的创新与变革特质，对高等教育产教融合中的学生能力培养模式提出了根本性转变的需求。传统的高等教育体系往往偏重于理论知识的灌输，而在数字经济的大潮中，这一模式显得捉襟见肘。学生不仅需要掌握扎实的理论基础，更需具备将理论知识灵活应用于解决实际问题，尤其是在数字经济领域内进行创造性工作的能力。因此，高等教育机构亟须与产业界建立更为紧密的合作机制，共同探索并设计出一套能够有效提升学生创新思维与实践技能的课程体系与实践项目，确保教育内容与数字经济时代的实际需求紧密相连，从而培养出既懂理论又擅实践的复合型人才。

第二，数字经济时代对跨学科知识和技能的需求日益增加。数字经济时代对跨学科知识与技能的迫切需求，为高等教育产教融合的深度与广度带来了前所未有的挑战。在这一背景下，高等教育机构必须打破传统学科之间的界限，积极促进不同学科间的交叉融合，以适应数字经济对多元化、复合型人才的需求。这要求高等教育不仅要鼓励学生进行跨学科学习，掌握跨领域的综合性技能，还要通过与产业界的深度合作，实时捕捉市场动态与行业趋势，及时调整与优化课程设置及教学内容，确保教育输出与市场需求的高度契合，为学生未来在数字经济领域的职业生涯奠定坚实的基础。

第三，数字经济时代对高等教育的人才培养质量提出了更高的要求。数字经济时代对高等教育的人才培养质量设定了更为严苛的标准，这对产教融合模式提出了新的挑战与要求。在此背景下，高等教育机构必须与企业建立紧密的合作关系，共同制定与数字经济时代需求相契合的人才培养标准。这一标准不仅要求学生掌握扎实的专业知识，更需具备数字经济时代所必需的核心素养与技能组合，如强大的数据分析能力、熟练的信息技术应用能力、前瞻性的创新思维，以及跨学科解决问题的综合能力等。通过与企业的深度合作，高等教育机构能够更准确地评估学生的学习成效，及时调整教学方法与策略，确保人才培养质量能够与时

俱进，满足数字经济快速发展的需求。

第四，数字经济时代还要求高等教育在产教融合中更加注重培养学生的国际视野和跨文化交流能力。随着全球化的不断深入，数字经济领域的国际合作变得日益紧密与频繁。在这一大环境下，高等教育机构必须积极为学生创造与国际企业、研究机构合作的机会，让他们能够在国际化的学习与实践环境中成长。这不仅有助于学生深入了解不同文化背景下的数字经济实践，提升他们的国际竞争力，还能够有效培养他们的跨文化交流能力，使他们成为具备全球视野与跨文化沟通能力的数字经济时代人才。因此，高等教育机构在产教融合中应更加注重国际化元素的融入，为学生提供更多元化的学习与实践平台，助力他们在数字经济时代的全球化舞台上脱颖而出。

二、数字经济时代创新应用型人才培养的目标与侧重点

（一）创新应用型人才培养的目标

在数字经济时代背景下，创新应用型人才培养的目标显得尤为关键且迫切。这一目标旨在培养出能够将深厚的理论知识有效转化为实际应用能力，同时具备强烈创新意识和卓越实践能力的高素质应用型人才。这类人才的核心竞争力在于他们不仅能够深刻理解并掌握所学领域的专业知识，还能够在实践中灵活运用这些知识，针对具体问题提出创新性的解决方案，从而有效推动技术创新和产业升级。

实现这一目标，首要的是强调学生必须构建扎实的专业基础，这意味着学生需要通过系统的理论学习，建立起完备的知识体系，为后续的实践应用和创新活动奠定坚实的基础。同时，较强的实践能力也是不可或缺的一部分。学生需要通过参与各类实践项目、实习实训等活动，将所学知识应用于实际情境中，不断锻炼和提升自身的动手能力和问题解决能力。

在数字经济时代，技术创新是推动行业发展的关键动力。因此，创新应用型人才必须具备敏锐的观察力和前瞻性的思维，能够发现市场和技术变革中的新机遇，勇于尝试新的方法和思路，不断探索和突破传统的边界。

创新应用型人才还需要具备快速适应市场需求和技术变革的能力。数字经济时代的发展日新月异，新技术、新业态层出不穷。创新应用型人才必须保持持续学习的态度，不断提升自身的专业技能和综合素质，以便在快速变化的市场环境中保持竞争力，为社会的经济发展贡献自己的力量。综上所述，数字经济时代创新应用型人才培养的目标是一个全面而多维的构建过程，需要教育机构、企业和社会各界的共同努力和支持。

（二）创新应用型人才培养的侧重点

创新应用型人才培养的侧重点是一个多维度、系统性的构建过程，其核心在于提升学生的实践能力和创新能力，以适应快速变化的数字经济时代需求。为了实现这一目标，教育体系和培养模式需要作出相应的调整和优化。

产教融合、校企合作是培养创新应用型人才的重要途径。通过与企业建立紧密的合作关系，学生可以在真实的工作环境中进行实践锻炼，接触和解决实际工作中的问题，从而积累宝贵的实践经验。这种与实际工作紧密结合的学习方式，有助于学生更好地理解和应用所学知识，提升他们的实践技能和问题解决能力。

鼓励学生参与科研项目和创新创业活动是培养其创新意识和创业精神的有效方式。通过参与科研项目，学生可以深入了解科学研究的流程和方法，培养批判性思维和创新能力。而创新创业活动则为学生提供了一个将创意转化为实际成果的平台，让他们在实践中学习创业知识，锻炼团队协作和项目管理能力，培养敢于尝试、勇于创新的创业精神。

在课程设置上，注重理论与实践相结合是创新应用型人才培养的基石。理论知识为学生提供了分析问题和解决问题的基本框架和方法，而实践环节则让学生有机会将所学知识应用于实际情境中，加深理解和掌握。因此，课程设置应当注重实践环节的重要性，确保学生有足够的时间和机会进行实践操作和技能训练。

在教学方法上，采用项目式学习、案例分析等多元化教学方式是激发学生学习兴趣和主动性的关键。项目式学习让学生围绕具体项目进行学习和实践，通过团队合作和问题解决的过程，提升他们的技能和实践能力。而案例分析则通过剖析实际案例，让学生了解和掌握实际应用中的知识和技能，培养他们分析问题和解决问题的能力。这些教学方法注重学生的主体性和参与性，有助于激发学生的学习兴趣和主动性，提升他们的学习效果和实践能力。

三、数字经济时代产教融合创新应用型人才培养的策略

（一）创新产教融合人才培养机制，深化实施"三明治"模式

在数字经济时代背景下，为适应快速变化的市场需求与地方经济发展的紧密关联，产教融合的人才培养模式亟需创新与深化。为此，提出深化实施"三明治"模式的策略，旨在通过强化校企合作的顶层设计，依托数字化技术构建新型"三明治"人才培养模式，以实现教育与产业的深度融合。

"三明治"模式是一种产学研结合的人才培养模式，其核心特点在于将学习过程分为不同的阶段，通过理论与实践的交替进行，以提升学生的实践能力和创新能力。具体来说，"三明治"模式可以细分为不同的实施方式，但总体上遵循"学习—实践—再学习"的基本路径。

一种典型的"三明治"模式实施方式是将学习分为以下三个阶段：

第一阶段以校内培养为主，学生完成全部或部分基础课、专业基础课和专业课的学习，以及规定的实践基础训练。这一阶段注重理论知识的传授，为学生打下坚实的学科基础。

第二阶段则以企业培养为主，学生被预分配到工厂、研究所或其他相关行业的企业中，以见习技术员或其他实践岗位的身份参加实际工作，培养工程技术能力和职业素养。这一阶段是理论与实践相结合的关键环节，学生能够在真实的工作环境中应用所学知识，积累实践经验。

第三阶段，学生返回学校，根据前两阶段的学习和实践经历，自由选择专业方向和适合自己发展的课程，并完成毕业设计课题。这一阶段学生将在导师的指导下，结合行业实际需求和个人兴趣，进行深入的研究和探索，完成学业。

"三明治"模式还强调校企合作的重要性，通过与企业建立紧密的合作关系，共同制订人才培养方案、设计课程内容和教学方法，确保人才培养的质量与市场需求相契合。

（二）课程教学引入人文内容，强化综合素养教育

在数字经济时代背景下，应用型人才的培养需转变传统视角，强化人文教育的引领作用，旨在提升学生的创新能力与个人修养，塑造其美好的心灵，并促进健全人格的形成。为此，我们必须从战略高度出发，在人才培养的全过程中深入渗透人文内涵，确保学生能够具备开拓精神，拥有宽广的视野和博大的胸襟，进而全面提升其在德、智、体、美、劳等多方面的综合能力。

在具体实施过程中，专业课程的教学不应仅仅局限于专业技能的传授，更应注重学生个人素养与艺术思维习惯的培养。同时，文化素养和综合思想教育同样不可或缺，它们是塑造学生正确价值观和人生发展观的重要基石。通过这样的教育方式，能够促使学生形成坚实的思想防线，有效抵制各种不良思潮的侵蚀，从而更加扎实地掌握专业基本功，积累丰富的就业经验。在激烈的市场竞争中，这样的学生将更具竞争力，能够抢占发展的先机，实现更高的就业率。

（三）组建学生成长平台，促进学生自我规划及发展

在当今这个日新月异的时代，社会对于具备创新意识的应用型人才的需求日益迫切。鉴于此，高校学生应当被赋予创造与创新的内在潜能，以应对未来的挑战。立足于信息化时代的背景，高校教育模式的革新势在必行，需借助互联网的强大力量，实施个性化教育与定制化培养方案，确保每位学生都能按照自己的节奏和偏好完成专业学习，从而丰富并深化其专业学习体验。

新时期的高校教育，其核心使命已不再是仅仅教会学生掌握某种特定的专业技能，而是通过自由教育与独立教育的双重引领，激发学生的自由研究与自由创造潜能。在这一过程中，学生将在自我探索的旅途中不断掌握新的技能与知识。在人才培养的过程中，必须坚守"因材施教"的原则，将个性化培养计划贯穿于教育的每一个环节，为学生提供丰富多样的个性化课程模块。这些课程模块应允许学生根据自己的兴趣和职业规划进行自由选择与自主搭配，从而助推学生在专业领域内的成长，并帮助他们明确未来的发展方向。

最终，通过这样的教育模式，将能够培养出符合数字经济时代要求与标准的

新型人才,他们不仅具备扎实的专业技能,还拥有强烈的创新意识与自我驱动力,能够在未来的职业生涯中不断学习与成长,为社会的发展与进步贡献自己的力量。

(四)深度融合教学及实践,增强就业能力

在产学研一体化教学计划的实施过程中,人才培养策略需着重于理论教学与实践工作的互动转换。鉴于数字经济的迅猛发展,众多高等院校正积极探索将大数据、云计算、人工智能等新兴技术深度融入专业人才培养体系之中,力求运用新颖的思维模式、教育理念、教学方法及工具来优化人才培养成效。在此背景下,"自动化""智能化""精准化"等概念日益成为人才培养模式改革的关键词。

通过深度整合教学与实践环节,学生能够提前了解并掌握工作岗位所需的核心技能,进而有针对性地提升自身能力,以满足未来职场的严格要求。企业方面,则应积极参与学生的技能培训过程,特别是针对数据画像、数据分析等关键技能的培训,并为学生提供实习试岗的机会。通过这一途径,企业能够直接评估学生的实际工作能力,并对表现优异的学生给予正式的工作机会,签订劳动合同。这一合作模式不仅有望显著提升学生的就业率,还有效缓解了毕业生数量激增与就业市场吸纳能力有限之间的矛盾,为培养适应数字经济时代需求的高素质应用型人才提供了有力支持。

(五)建立校企合作机制,共同制订人才培养方案

在当今快速发展的知识经济时代,高校作为人才培养的摇篮,其教育质量与产业需求的匹配程度直接关系到国家经济的持续发展和创新能力的提升。然而,传统的人才培养模式往往侧重于理论知识的传授,而忽视了实践能力的培养和与产业需求的紧密对接。这导致了许多毕业生在就业市场上面临"学非所用"的困境,而企业则难以找到符合其实际需求的高素质人才。

建立校企合作机制,共同制订人才培养方案,显得尤为迫切和重要。这一机制的核心在于打破高校与企业之间的壁垒,实现教育资源与产业资源的优化配置

和共享。通过深度合作，高校可以更加准确地把握产业发展的最新趋势和人才需求的变化，从而有针对性地调整和优化课程设置、教学内容和教学方法，确保人才培养与产业需求的高度契合。

同时，企业在校企合作中发挥着不可或缺的作用。企业可以将自身的实际需求、行业标准和前沿技术引入人才培养过程中，通过实习实训、项目合作、联合研发等多种形式，为学生提供真实、具体的学习和实践环境。这不仅有助于增强学生的实践能力和创新思维，还能使他们在学习过程中更加明确自己的职业定位和发展方向。

此外，校企合作机制的建立还有助于促进产学研的深度融合。高校和企业可以共同开展科学研究、技术开发和成果转化等活动，将最新的科研成果迅速转化为实际生产力，推动产业升级和创新发展。这种深度的产学研合作不仅提升了高校的科研实力和教学水平，也为企业带来了更多的技术创新和人才支持。

▶ 第三节　数字经济时代产教融合协同培养复合型人才

以数字经济发展为核心，深化复合型人才教育培养创新，是提升高校高等人才教育工作质量的关键，有助于更好地在数字经济发展背景下提升高校复合型人才培养教育实践能力，弥补复合型人才培养的结构性缺失，使复合型人才培养能基于对产教融合育人模式的运用，加强面向数字经济发展的人才输送。

一、复合型人才的形成背景与特征

复合型人才，作为当今社会所需的重要人才类型，其形成背景与特征值得我们深入探讨。在当今快速发展的知识经济时代，学科交叉、知识融合、技术集成的趋势日益明显，单一专业的人才已难以满足社会发展的需要。随着科技的飞速发展和经济的全球化趋势加强，企业对人才的需求也在不断变化，他们更加倾向于招聘那些不仅具备扎实的专业技能，还拥有广泛的知识面和多样化的能力的人才，即复合型人才。

复合型人才的形成背景，可以说与现代社会的快速发展和变革紧密相连。在科技日新月异的今天，单一的专业知识和技能已经难以应对复杂多变的工作环境和挑战。因此，培养具有多学科背景和多领域技能的复合型人才，已成为高等教育的重要任务。这种人才不仅需要在某一专业领域有深厚的造诣，还需要对其他相关领域有广泛的了解和掌握，以适应不断变化的社会需求。

复合型人才具有以下特征：

第一，宽厚的基础与广泛的知识面。复合型人才通常拥有宽厚的基础和广泛的知识面。他们不仅在本专业领域有深厚的造诣，还对其他相关领域有广泛的了解和掌握。这种跨学科的知识储备使得他们能够从多个角度审视问题，提出创新的解决方案，并在不同领域间进行灵活的知识迁移和应用。

第二，知识与能力的专业融合。复合型人才能够将不同专业的知识和能力进行高度融合，形成独特的综合竞争力。他们不仅具备扎实的专业技能，还能够在实践中灵活运用这些技能，并结合其他领域的知识进行创新。这种知识与能力的融合使得他们在解决问题时更加全面和深入，能够提出更具创意和实效性的方案。

第三，高度的适应能力与创新精神。复合型人才通常具备高度的适应能力和创新精神。他们能够在复杂多变的环境中迅速适应，并展现出卓越的工作能力。同时，他们勇于探索未知领域，敢于挑战传统观念，不断提出新的想法和解决方案。这种创新精神使得他们在面对新问题时能够迅速找到突破口，并推动领域的进步和发展。

第四，卓越的实践能力与团队协作精神。复合型人才不仅具备扎实的理论知识，还拥有卓越的实践能力。他们能够将所学知识应用于实际工作中，解决具体问题。同时，他们注重团队协作，善于与他人沟通和合作，共同完成任务。这种团队协作精神使得他们在工作中更加得心应手，能够充分发挥自己的优势并弥补不足。

第五，持续学习与自我提升的意识。复合型人才具备持续学习与自我提升的意识。他们深知在快速发展的知识经济时代，只有不断学习新知识、掌握新技能才能保持竞争力。因此，他们注重自我提升和终身学习，不断拓宽自己的知识面和技能领域。这种持续学习的意识使得他们在职业生涯中能够不断攀上新的高峰。

二、数字经济时代产教融合协同培养复合型人才的意义

（一）适应数字经济发展新环境

数字经济发展优化高等人才育人培养结构，促使企业用人需求、市场环境、产业形态、教育模式必须紧跟数字经济发展趋势作出合理改变。新时期的复合型人才培养，应以数字经济发展为核心，持续做好对产教融合教育发展模式的深入探索，结合市场发展变化及企业用人新需求，制定新的育人培养教育规划及教育战略，保证高等人才培养与数字经济发展的步调一致，实现育人培养工作的与时俱进。所以，适应数字经济发展新环境，将是推进数字经济时代产教融合协同育人的复合型人才培养的根本意义，对于更好完善育人培养体系、深化育人培养多元化对接、优化复合型人才培养评价机制及构建多元互动复合型人才培养模式等有着深远影响。

（二）深化人才培养与数字经济产业发展的融合

复合型人才是指具备多种专业技能、跨学科知识及综合能力的高素质专业人才。复合型人才能在不同领域、行业中胜任复杂的工作任务，跨学科知识储备及专业技能培养，使其能满足一专多能的人才教育培养需求。因此，复合型人才培养必须在教育实践方面重点加强资源投入，基于未来复合型人才教育培养需求，加强高校与企业的育人培养合作，增强复合型人才岗位工作能力、岗位创新能力及创业发展能力，促使复合型人才成为振兴产业发展的新力量。

数字经济的发展为复合型人才培养的教育转型提供多方面内容保障，通过深化复合型人才培养与数字经济产业发展融合，实现育人培养与产业发展结构一体化设计，充分运用产业资源支持复合型人才培养。复合型人才的就业发展，则可在丰富教育资源、就业资源的支持下对产业振兴发展形成资源反哺。以此，形成稳固的多元循环教育发展结构，发挥数字经济时代产教融合发展的教育优势，提

升新时期复合型人才教育培养质量及培养有效性。

三、数字经济时代复合型人才培养的目标与侧重点

（一）复合型人才培养的目标

复合型人才培养的核心目标在于塑造一批拥有多学科知识背景、跨领域综合能力和广泛社会适应性的高素质人才。这类人才不仅需要在其本专业领域内具备深厚的学术造诣和实践经验，更需展现出跨越学科界限的广阔视野与综合能力。具体而言，他们应能够将不同领域的知识和技能进行有机融合，形成独特的跨学科知识体系，并善于运用这一知识体系去解决复杂多变的实际问题。在这一过程中，复合型人才的培养还强调对社会适应性的广泛培育。这意味着，这类人才不仅要在学术和专业领域内有所建树，还需具备高度的社会责任感、敏锐的社会洞察力和强大的社会实践能力。他们能够深刻理解社会发展的动态趋势，准确把握时代脉搏，以更加开放、包容和创新的姿态投身于社会实践之中。

（二）复合型人才培养的侧重点

复合型人才培养的核心侧重点在于拓宽学生的知识面和视野，旨在通过一系列的教育手段和措施，使学生能够接触并深入理解不同领域的知识和文化，进而培养其具备跨学科的综合素养和广阔的国际视野。

在知识面和视野的拓宽方面，复合型人才培养尤为注重跨学科教育的重要性。它不仅仅局限于传统单一学科的知识传授，而是鼓励学生跨越学科的界限，去探索、去理解和去掌握不同领域的知识和技能。为了实现这一目标，教育机构和教师需精心设计课程体系，设置跨学科课程模块，使学生能够在学习过程中实现知识的交叉和融合，从而培养他们解决复杂问题的能力和创新思维。

与此同时，国际交流也是复合型人才培养中不可或缺的一环。通过国际交流，学生能够接触到不同国家和文化的知识和经验，进一步拓宽他们的国际视野，增强他们的跨文化沟通能力和全球意识。这种国际交流的形式可以多种多样，包括学生交换、国际学术研讨会、跨国合作项目等，都为学生提供了宝贵的

国际化学习环境。

在课程设置上，复合型人才培养注重学科交叉和融合的实现。这不仅仅是对传统课程的简单叠加，而是需要对课程体系进行深度的重构和优化，确保不同学科之间的知识能够有效地相互渗透和融合。通过这样的课程设置，学生能够在学习过程中逐渐形成跨学科的知识体系，为他们的综合素养提升打下坚实的基础。

在教学方法上，复合型人才培养也进行了相应的创新。传统的单向传授式教学已经难以满足培养复合型人才的需求，因此，团队合作、研讨式学习等新型教学方法被广泛应用。这些方法不仅强调学生的主体性和参与性，还注重培养他们的沟通能力和团队协作精神。通过这样的教学方法，学生能够更好地适应未来社会的工作和生活环境，展现出更强的综合素养和竞争力。

四、数字经济时代产教融合协同培养复合型人才策略

（一）促进产教融合的深度合作的教育发展

促进产教融合的深度合作的教育发展，是指运用丰富的数字经济市场资源，建立多元对接产教融合教育服务模式，面向数字经济发展与涉及不同领域的企业开展教育合作与技术合作，将企业部分新兴技术内容、发展新理念融入复合型人才培养体系，解决高校复合型人才培养的教育资源匮乏问题，使产教融合背景下的育人培养能突破传统育人培养模式的限制，进一步围绕推进教育新发展确立教育发展新目标。

例如，在加强企业与高校教育合作对接方面，高校应与企业共同制定复合型人才培养教育决策，运用企业现有的数字技术及数字经济发展资源，帮助高校开展复合型人才教育培养，在积极开展复合型人才教育试岗的同时，培养复合型人才的创新思维及学习探索意识，使复合型人才具备更强的岗位创新能力，帮助复合型人才掌握多种不同专业技能。

（二）深化综合能力培养体系建设

跨学科的综合能力培养，是复合型人才教育培养体系建设的基础。数字经济

发展虽然改变了复合型人才培养教育模式，但产教融合基础育人框架仍然得以保留。所以，高校应运用产教融合教育培养平台，基于跨学科教育发展强化教育对接与教育融合，将部分与专业学科课程知识相关的课程内容，加入复合型人才培养的教育实训设计，并利用产教融合加强对教育成果的经验，了解各个阶段跨学科综合能力培养的教育工作现状及教育不足，明确新时期跨学科综合能力培养的教育新方向，保持数字经济时代复合型人才跨学科综合能力培养的高质量推进。

例如，在新闻传播与法学专业的复合型人才培养方面，应运用数字经济发展优势，将数字经济发展背景下新媒体行业发展、法律行业发展、法律体系建设及新闻传播岗位工作特点等内容，作为深化教育探索及加强教育内容拓展的主要方向，通过培养专业人才灵敏的岗位工作嗅觉及提升复合型人才跨学科知识储备，提升跨学科培养视角下复合型人才综合岗位工作能力，并基于线上、线下教育互动机制建设，针对复合型人才跨学科学习能力及学习成果进行经验，基于情景模拟及案例分析，了解学生当前阶段学习优势与学习不足，以此推动跨学科的综合能力培养体系建设，制定数字经济时代育人培养教育新决策。

（三）引入教育资源、产业资源及新兴数字技术

数字经济时代的产教融合协同培养复合型人才，必须配合产业发展与数字技术应用做好教育布局。为更好地完善基于数字经济的复合型人才培养体系，并搭建稳固的产教融合育人桥梁，高校应加强对数字经济视角下教育资源、产业资源及数字技术的引入。其中，教育资源的引入将优化高校教育资源供给模式，提升教师对教学资源的有效利用率，使教师能根据数字经济时代复合型人才就业发展需求，系统化地制定育人培养教育方案。产业资源的引入，则为高校深化产教融合发展提供教育保障，使高校与企业的教育合作对接不再局限于人才培养岗位实训，而是能基于人才定向输送、高等级人才培养教育改革等，实现对复合型人才教育培养质量的提升。新兴数字技术的引入，将为提升高校复合型人才教育培养前瞻性提供支持，使高校能在复合型人才教育培养方面，持续做好教育发展创新，解决部分高校复合型人才培养教育模式、教育策略、教育措施及教育机制滞后问题，为高校紧跟数字经济发展步伐做好产教融合的复合型人才培养决策奠定

良好根基。

（四）构建基于数字经济的产教融合教育评价机制

构建基于数字经济的产教融合教育评价机制，是指根据数字经济发展趋势，改变针对复合型人才的教育评价方法、评价标准及评价参考依据，围绕数字经济发展特点、数字经济产业结构及企业在数字经济发展中扮演的角色，制定复合型人才培养的新方案。例如，在建立企业与高校双向教育评价机制方面，高校与企业不仅要考虑复合型人才岗位工作适应能力及工作实效性，同时，也要将复合型人才在数字经济发展背景下的上升空间、发展条件、工作价值等作为教育评价的重要参考项，分析当前高校产教融合育人培养模式，能否在数字经济发展中为企业创造足够发展价值，并在弹性化教育模式的运用方面，加强教育试点及教学试验，分析各类教学方案在数字经济时代教育适用性，针对产教融合教育价值及教育内容的提炼，保证数字经济时代复合型人才培养教育评价的科学性与客观性，从而为后续基于产教融合发展深化复合型人才培养改革做好教育铺垫。

▶ 第四节 数字经济时代基于产教融合的教学管理创新

数字经济时代信息技术变革很快，区块链、人工智能、大数据相继交错登场，促使高等教育产教融合人才培养的形式和内容都发生了变化。信息技术的变革为高校的数字化改革提供支持，满足高等教育产教融合创新的需求，也更好地服务于教学改革和人才培养的需要。

在数字经济时代，基于产教融合的教学管理内涵相应也发生了变化，形成了以区域经济发展和产业需求为基础，以技术技能人才培养为核心，以信息技术和数字化理念为依托，架构区域产业生态与学校专业以及专业群之间的贯通桥梁，实现校内专业横向有机拓展融合，校外专业与产业纵向无缝密切衔接，推进学校教学管理动态化、精准化和规范化、数字化高质量发展。

在数字经济时代背景下，产教融合本质上是一种跨界融合，强调的是数字化赋能产教融合，在产业生态和专业生态之间架构起有效的合作桥梁，实现社会岗位需求与学校人才培养的有序对接、行业产出与学校教学的深度融合、经营管理数字化与教学过程数字化的彼此耦合，从而构建互为反馈、相互协同、资源共享的智慧生态系统。

一、优化培养方案，明确教学管理重点

在数字经济时代背景下，各专业需严格按照既定的专业培养目标，科学、系统地制定培养方案。此方案应全面涵盖专业基础课、专业核心课以及专业拓展课等核心课程的设置与学时安排，确保学生在掌握扎实的理论知识的同时，也能获得充分的实践实训机会。课程设置不仅要在知识体系上形成完整的系统，还应与社会行业需求、具体岗位要求紧密相连，与行业发展趋势保持高度一致，以确保教育的实用性和前瞻性。

在教学实施过程中，既要让学生清晰理解知识的内在逻辑和体系架构，也要使他们明确实践操作的步骤和方法，实现理论与实践的深度融合。教学管理应着眼于增强专业教学的岗位引导性，确保教学任务明确、要求具体，同时积极倡导基于行业标准和岗位工作标准的实训教学模式。

为实现这一目标，可以通过线上或线下的方式，邀请产教融合合作企业、专业建设指导委员会以及行业企业专家进行多轮深入的探讨和交流。通过这些合作与沟通，确保各专业的人才培养方案能够紧密贴合企业和行业的实际需求，同时具备一定的前瞻性和创新性，为学生在数字经济时代的职业发展奠定坚实的基础。

二、合理规划，推动应用型课程体系建设

在数字经济时代背景下，高校应积极推动并实施五年一周期的课程建设规划，旨在构建一个既符合时代要求又具有应用性的专业课程体系。此过程需特别强调课程体系的内涵建设，确保专业和课程建设的目标与高校人才培养的总体目标高度契合，形成有机的统一体。为实现这一目标，高校应加大与企业的合作力度，共同编写应用型教材，开发具有实战性的应用型课程。同时，选拔并推广一

系列具有典型应用特色的课程和教材作为示范，以引领和推动整个课程体系的应用化转型。

在课程实施过程中，高校应积极聘请行业和企业中的专家以及技术骨干，让他们参与到专业核心课程的教学中来，不仅传授理论知识，更注重实战经验的分享。这些专家和技术骨干还应参与到课程建设和教材编写的论证工作中，通过多轮的循环和完善，最终形成一个既注重知识传授又强调实战项目训练的应用型课程体系。此外，高校还应进一步邀请产教融合的企业参与到数字化课程资源的建设中来，充分利用企业的实际案例和实践经验，丰富和完善数字化的课程资源。同时，这些数字化的课程资源应不断拓展外延，建设成为市场真正需要的资源，被行业广泛认可和采纳。通过这样的方式，不仅可以提高市场对专业和专业群的认可度，还可以增强学校在社会上的认同度和影响力。

三、规范教学计划，完善具体业务管理机制

在数字经济时代背景下，高校需致力于完善教学计划的制订流程，确保教学计划具备规范性要求，并遵循统一的格式标准。教学计划应明确阐述教学目的和内容，对教学方法、教学时间以及教学地点的安排需具体且确切，避免随意更改或调换，以保证教学活动的稳定性和有序性。

在制订教学计划的具体过程中，应充分吸纳产教融合企业以及专业建设指导委员会的意见和建议，确保教学计划能够紧密贴合实际需求和行业标准。定稿的教学计划应经过企业、专业建设委员会的严格审议，并达成一致同意，以确保其科学性和实用性。

为保障教学计划的顺利实施，教务管理方面需制订一套具体且完善的业务指导机制。该指导机制应全面考虑各种可能的情况，并提供明确的指导性原则，以有效应对未涵盖在指导机制范围内的突发情况。教务管理人员在执行过程中，应严格遵守指导机制的要求，确保实施过程无争议，并将教学管理风险降至最低水平。通过这样的方式，可以确保教学计划的顺利执行，提升教学质量和效果，进一步推动高校在数字经济时代背景下的产教融合发展。

四、强化双师管理，实行动态评价优化机制

在数字经济时代背景下，为进一步提升教学管理效能，高校需着重强化双师型教师的管理，并实施一套动态的评价与优化机制。具体而言，这一机制包含以下两个核心方面：

一方面，高校应积极聘请来自行业、企业的实战经验丰富、表达能力出色、专业技术能力强，并对行业前沿知识有深入了解和掌握的专家、技术骨干，担任专业或专业群的兼职教师、产业教授等职务。通过这样的方式，可以有效充实专业或专业群的师资队伍结构，实现校企教师的专兼结合，优势互补，从而显著提高专业或专业群师资队伍的专业实践能力。

另一方面，对于双师型教师的教学管理，高校应给予特别的重视和加强。构建一支优秀的教师队伍，不仅要求教师具备扎实的理论功底，还需要他们持续提高实践教学能力。为此，高校应制定具有可执行性和可操作性的双师型教师岗位规范、任职要求和评价标准。同时，坚持对双师型教师实施动态评价机制，教务管理人员应定期（如每年或每三年）依据评价标准对双师型教师进行评价，以考核他们是否依然保持双师型水准。如果发现问题，应及时督促双师型教师下企业实践，以确保他们与社会所需的技能和技术保持一致性。

为了进一步激励教师成为双师型教师，高校还应出台相应的激励措施。例如，可以将双师型作为专业技术职称晋升的必备条件之一，从而激发教师提升自我、成为双师型教师的积极性和动力。通过这样的方式，高校可以逐步构建一支既有扎实理论功底，又有丰富实践经验的双师型教师队伍，为数字经济时代背景下的产教融合发展提供有力的人才保障。

五、加强课程思政建设，规范课程思政教学考核

在数字经济时代背景下，产教融合不仅是提升学生专业实践能力的关键途径，更是实现思政教育与专业教育深度融合的理想平台。因此，高校应将产教融合视为"专业思政体现"的重要载体，致力于构建涵盖课程思政、学术思政以及实践思政等多渠道融合的思政教育体系，并将其深度融入人才培养方案中。

通过思政教育与专业建设的协同育人机制，高校可以进一步提升人才培养质量，致力于培养既具备社会责任感与使命感，又拥有高素质数字化技能的人才。在这一过程中，产教融合发挥着双重作用：它既是学生提升专业实践水平的最佳路径，也是促进思政教育与专业教育紧密结合的理想桥梁。

基于产教融合的课程思政体系将更加注重强化学生树立正确的人生观、价值观和就业观，实现专业实践与思想提升的同频共振。为此，高校应在专业课程与实践教学中深入挖掘科学探索精神和企业家精神等元素，巧妙植入思政元素，引导学生积极培育和践行社会主义核心价值观，深化他们对数字经济的认知与理解。同时，通过激发学生的创新思维、科学思维、合作思维以及奋斗思维，高校可以培养出社会责任感与使命感高度统一，且具备数字化体验和实践能力的人才。

为了确保课程思政建设的有效实施，教务管理部门应加大对专业课程思政的考核力度。他们应确保产教融合课程在注重校企合作、实践互动的同时，也注重对思政知识的贯通与融合。通过这样的方式，可以进一步提高学生的思想意识水平，为培养新一代具备高度思想素养、专业知识素养和实践能力，且拥有数字化思维的社会所需人才奠定坚实基础。

▶ 第五节　基于生态圈的工业互联网产教融合共同体构建

一、产教融合生态圈的特征

生态圈作为一个生态系统学术语，描述的是生物体之间以及生物体与环境之间，在一定的时空框架内，通过一系列复杂的物质循环、能量流动和信息传递等过程，所形成的一个既稳定又动态且保持开放的生态系统。这一概念强调了系统内各组成部分之间的相互依存和相互作用，以及它们在时空维度上的动态平衡。

将生态学的理论框架应用于社会系统的研究，为我们揭示人与环境、人与事物之间复杂的关系提供了新的视角。在社会系统中，各种元素（如个体、组织、环境等）之间也存在着类似于自然生态系统中的交互和联接，它们共同构成了一个复杂的社会生态系统。

产教融合生态系统指的是在特定的时空区域内，高校内部各要素、高校与企业之间，以及高校与其周围环境之间，通过一系列复杂的交互和联接作用所形成的高等教育生态圈。在这个生态圈内，不同的主体（如高校、企业、学生、教师等）之间保持着密切的联系和依存关系，它们在竞争与合作中不断发展和演化，形成了一个动态平衡的高等教育生态系统。

产教融合生态系统的稳定性、动态性和开放性，对于促进高等教育与产业发展的深度融合、提升人才培养质量、推动经济社会可持续发展具有重要意义。因此，深入研究产教融合生态系统的运行机制和演化规律，对于优化高等教育资源配置、提高教育效能、促进产业升级和转型具有重要的实践价值。

产教融合生态圈作为高等教育与产业发展深度融合的产物，展现出一系列独有的特征，这些特征共同构成了其作为生态系统的核心属性。

第一，要素整合与功能融合的深度体现。在产教融合的过程中，各利益主体之间、系统内各要素之间以及主体与环境之间均发生了深度的交叉融合。这种融合不仅体现在校企之间、教学与生产之间，更广泛地扩展到教育与产业之间的全面融合。依据系统功能定义，这种融合模式对多要素进行了全方位的整合，形成了一个高度一体化的系统。值得注意的是，功能融合的范围进一步延伸到产业价值链，从而形成了各种共同体，如利益共同体和发展共同体等，这些共同体的形成进一步强化了产教融合生态圈的稳定性和可持续性。

第二，主体间相互连接的紧密性。产教融合生态圈中，政府、行业、企业和院校四个宏观主体之间存在着紧密的联系和协同发展的关系。同时，管理人员、员工、教师和学生四个微观主体也密切配合、互动交流，形成了一个多层次的主体网络。这种主体之间的相互作用，以及院校和企业内部各要素之间复杂的相互作用，共同促进了生态圈的融合发展，使得产教融合生态圈成为一个高度协同、充满活力的系统。

第三，动态演化的持续性。产教融合系统处于不断的变革和演化之中，这表现为其具有复杂的动态组织结构。这种动态性使得产教融合系统能够适应经济社会发展的需要,成为助推高等教育融入社会经济发展的重要手段。随着外部环境和内部条件的变化,产教融合生态系统能够不断调整和优化自身的结构和功能,以保持其竞争力和适应性。

第四,自维持、自调控的自主性。产教融合生态系统具有自维持和自调控的能力。为了适应工业互联网产业发展变化,职业教育需要在专业设置、人才培养目标定位等方面进行不断的调控。同时,专业建设也需要根据区域产业发展要求调整人才培养规格和课程体系。教师在教学过程中,也需要以学生为中心,不断改进教学方式方法,提高课堂教学质量。这种自维持和自调控的能力使得产教融合生态系统能够在面对外部干扰和内部变化时保持稳定性和可持续性。

二、工业互联网产教融合共同体构建

工业互联网要统筹产、城、教、科融合发展,政行企校多元联动,打造产教融合生态,培养复合创新型人才,实现教育链、人才链与产业链、创新链有效衔接和同频共振。校企共同体是指企业、院校之间联合,通过创新体制机制成立的运营实体。校企共同体通常以共同利益作为合作基础,前提条件是优势互补或资源共享,合作方能接纳或包容对方的文化,师资队伍作为共建的核心任务,合作内容包括共建课程、合作教学、共建基地等,合作目标明确、责权利清晰,合作方按照计划和约定投入资金和技术,有共同参与的意愿,能共享成果,有能力和意愿共担风险。

校企共同体建立在价值共识基础上的实体,是深化产教融合的新范式,通过责任共担,实现互利共赢。校企共同体的建设任务包括实体平台、治理机构、双元育人机制和校企合作文化等。

校企共同体从宏观上体现为院校和企业深度融合的模式,从内涵建设上,又划分为人才培养、文化建设、产学研用、创新创业及协同发展等领域,形成中观或微观的共同体。

(一) 加强专业内涵建设

工业互联网人才培养的核心在于专业建设,而满足产业发展对人才的需求则是校企共同体建设的基础与目标。在人才培养的过程中，我们不仅要满足地区产业发展的需求，还要兼顾学生的学习需求、创新创业需求以及个性化发展需求，确保人才培养的全面性和针对性。

为了实现这一目标，需要构建园区、行业、企业和学校等多元治理主体协同育人的模式。具体而言，可以通过开展"点对点"的校企合作，实现企业与学校之间的直接对接；通过"点对线"的校行协合作，加强学校与行业协会之间的沟通与协作；以及通过"点对面"的校园（区）合作，拓宽学校与整个产业园区的合作范围。这样，不断深化"点、线、面"结合，形成多元共融、协同发展的产教融合机制。

在此基础上，还可以采取订单培养、引企入校等方式，开展以现代学徒制为主的工业互联网校企合作人才培养，进一步密切学校与企业之间的联系，提高人才培养的针对性和实效性。同时，为了提升校企合作的质量和水平，我们还需要构建深度融合、协同育人的办学模式。这包括在创新人才培养模式、提升专业（群）建设质量、校企共建课程、共建生产性实训基地、共建"匠师协同"的教学团队、共建产教融合平台以及完善管理体制机制等方面进行深入的合作。通过这些深度合作，我们可以提高技术技能复合型人才的适应性，更好地满足产业发展的需求，同时也为学生的成长和发展提供更广阔的空间和更多的机会。

（二）增强文化认同

挖掘校园文化内涵，引入国内知名企业先进文化理念，合作开展以创新融合、协同发展为主题的文化共同体建设。

第一，共同开展党建文化建设。开展共建校外建设党员教育基地、党建合作与交流，开展"学党史、增信心、促发展"等活动，开展各种主题党日活动，对双方在职人员进行思想政治教育、职业素养和岗位技能培训等，开展"党员结对"等共建活动，促进校企党建活动常态化。

第二，共同建设专业文化。将本地优秀企业文化厚植于专业人才培养中，在人才培养目标中体现专业文化，企业专家进校讲专业文化，在现代学徒制班等校企合作人才培养项目中开展专业文化专题培训，校企合作开展文化教学活动。

第三，将企业文化、技术标准等融入校企共建课程与教材中。在校企合作的项目化课程、教学资源中融入岗位标准、技术标准和企业文化。校企联合承办技能竞赛，开展 1+X 职业技能等级认定，将企业标准、企业项目、技能竞赛项目和 1+X 标准引入专业教学、专业共同打造教学团队创新文化。引进工业互联网领域高层次人才，建立能工巧匠、技能大师工作室，在企业建立教师实践工作站，校企合作开展产学研创等。

（三）实现成果转化

在政府的政策扶持与资源倾斜下，与工业互联网领域的头部企业建立深度合作关系，依托工业互联网平台这一核心载体，校企双方协同并进，共同探索与推广新型智能产品、数字化管理、平台化设计、智能化制造、网络化协同、个性化定制以及服务化延伸等一系列创新模式与业态。在此过程中，企业应充分发挥其主导作用，推动产业链、人才链、创新链与资金链的深度融合与有机整合，形成一个高效运转、互为支撑的价值链条。为实现这一宏伟目标，需采取以下具体策略与措施：

第一，构建科技成果转化生态系统。确立以成果转化为终极目标的治理机制，该机制应涵盖多元主体，形成一个紧密合作的共同体。在这一生态系统内，服务产业需求应被置于主导地位，人才培养则作为核心要素贯穿始终。同时，技术（产品、项目）的研发应被视为实现目标的重要手段，而技术（产品）的应用效果及用户需求则应成为评价系统成效的关键标准。

第二，打造成果转化与服务平台。在政府部门的引导与支持下，以具体项目为实施载体，构建集成果转化、服务提供与跟踪评价于一体的综合性平台。该平台应能够实现对成果转化全过程的精细化跟踪与管理，确保每一项成果都能得到有效利用与推广。

第三，建立成果转化协同机制。鼓励并促进多主体之间的协同合作，共同推动成果转化工作的顺利进行。这一机制的建立，旨在通过集思广益、资源共享与优势互补，实现服务产业与技术创新的双重目标。

第四，搭建产业服务平台。以服务地方产业发展为根本宗旨，构建功能完备的产业服务网站。该网站能够提供涵盖人才招聘、技术咨询、产品展示、培训服务以及专业咨询等在内的全方位、线上线下相结合的服务，以满足产业发展的多元化需求。

第五，完善权益保障机制。在鼓励创新应用的同时，建立一套科学合理的管理决策机制，以确保所有参与主体的合法权益得到充分保障。这一机制能够有效降低合作过程中的风险，为共同体的长期稳定发展奠定坚实基础。

（四）培养双创人才

以科创项目、企业孵化项目或有市场前景的工业互联网产品技术（项目）为载体，以企业为主导，建立企业创新孵化器，围绕"建平台、享资源、拓渠道、引人才、创机制、活成果"六大功能，打造创新链、产业链、孵化链协同发展的双创共同体。孵化器联合院校，以先进的创新孵化育成体系建设理念，构建"众创空间起步—孵化器孕育—加速器生长—产业园区成型"全链条科技企业孵化育成体系，为在校大学生培养双创能力，打造双创环境，提供创新创业服务平台。

（五）强化协同发展

面向地方产业发展，立足产业园区建设，秉承"共商共建共享共赢"理念，建立协同发展共同体。建立和完善涵盖政行企校高层协同机制、工作推进机制、项目联席机制，形成四向发力、横向联合、上下联动的运行模式。以工业互联网产教融合联盟为载体，统筹多方资源，发挥集聚作用，创新支持政策，提升功能配套，营造协同育人体系，编织创新创业服务网络，打造产业升级的创新平台。

第四章　数字经济时代创新创业教育的改革创新

▶ 第一节　创新创业教育的理论审视

一、创新创业教育的认知

(一) 创新与创业教育的界定

1. 创新教育

创新教育是一种增强创业能力以及丰富创新能力的新型教育形式,反映的是社会发展的新需求。此新型教育形式包含两个方面:一方面是对整体经济环境的了解和分析能力;另一方面是其他方面的相关能力。例如,基本的学习知识能力及其相关方面的利用,或者是商机预测能力及创新活动能力,甚至是风险管控以及合作能力。在实践过程中,创新教育需要多方面考虑,而不是只沿用历史教育发展过程中既定的内容;还需要懂得创新教育发展的相关规定,以及创新教育的变革和将来的发展路程。

创新教育是让人学会创新,运用所创新的东西。"以人为本"的创新才能更好地拓展思维、提升能力,才能真正提高教育水平,才能被称为真正意义上的创新教育。高校是我国培育人才的基地,尤其是创新型人才。创新教育在让学生拥有更多探寻精神的同时,对其相关知识的实践能力也有很大帮助。

学校的创新教育不仅仅是传授前人的思想,而是包含了多方面的培养。例如,它旨在让学生学会自主学习,不断改变和更新个人的思维模式,以及培养对思考的热爱。真正的创新能力是一种综合技能,它要求个人在创新过程中学会观察，理解分析，并能够将知识应用到实践中去，同时注重提升个人的整体实践能力和自我创新的能力。此外，创新能力的发展并非孤立的个人行为，而是个人自主创新能力与社会经济环境相互作用、相互促进的结果。

创新教育是随着时代的发展而不断演进的。高等教育的发展顺应了历史潮流，它对原有的教育模式进行了改革，其中，培养创新能力和创新精神是各大学校所推崇的创新教育的核心。创新教育旨在为学生创造一个能够激发他们兴趣、挖掘他们潜能和创造力的环境。为此，高校可以通过建立完善和健全的教育体系和实践基地来实现这一目标，以发掘学生的潜力，挖掘他们的创造力，并帮助学生养成良好的自主学习习惯，同时教会他们如何将所学知识应用于实际。这种教育环境的创造是当代各大高校对教育体系改革和教育教学内容更新的体现，它代表了对教育价值体系的深入探索，也是高等教育创新发展的方向。

2. 创业教育

创业教育是一种新型的教育思想，经过多年发展已经拥有一定成绩。但还有很多人普遍认为创业教育所指向的是创业方面的指导，对于受指导的人而言，是创业方面的理论基础，也是整体实践与应用能力方面的提升。这些认识从字面意思便可以看出来，但是对于创业教育的定义，目前还不能确定。

创业教育被认为是学业学习教育以及职业规划教育后的第三种，即人类的"第三本护照"，也是随着经济，即教育科学发展后可以获得更优质生活的必需教育。创业教育被认为需要不断开发学生的创新能力与创新精神，基本素质才会有质的改变，是在新时代经济环境下必须具备的。当然，这种理论也是与知识教育环境相对应的一种新型教育观念。

创业教育存在广义和狭义两个方面：从广义上而言，创业教育是强调在当前环境下造就更多的创业人员，他们对于普通创业者存在很多优势，如创新与创造能力更佳、拥有自主的创新精神和强烈的探险意识；从狭义来看，创业教育所致力的是学生的基础素养与素质，如创新思想与创新思维能力等，以这些基础素质为主要，方便学生在离开校门走向社会以后，可以有更好的机会进行创业，有更好的创业基础，可以让学生创业走捷径并做出成绩，是让学生从单纯找工作转换成为更多人创造工作岗位的教育，是一种整体而又综合的教育。因此，从大方面来观察会发现，创业教育有非常多的优势，一方面可以直接提升高校学生的整体创业素质与创新精神和各方面的组织能力；另一方面创业教育是如今解决大学生就业难的一个途径，很大程度上能够缓解社会就业压力，对于当代各大高校学生而言非常重要。

(二) 创新与创业教育的关系

创新教育是一种新型的教育模式，其核心目标在于培养学生的创新能力、意识和精神，以促进学生在多个领域的全面发展。创业教育，具体来说，是一种旨在培养学生自主创业意识和能力的教育活动，它强调创业所需的知识和技能。尽管创新教育和创业教育在某些方面有所重叠，但这并不意味着两者可以相互替代或等同。

第一，创新教育与创业教育在内容上相互贯通，在目标和功能上具有一致性。两者相辅相成、相互渗透，创业是创新的一种实践形式。一般而言，创业实践中的成果是衡量创新或创业成功的重要标准；反之，创新的成果也是创业的一部分。创业成功关键在于采取有效的策略。创新教育旨在增强学生的探索和创新能力，这是其最终目标。创业教育则侧重于培养学生的创业思维和意识，以增强其创业能力，并普及基础知识。两者之间既有相互促进的作用，也可能存在相互制约的情况。

创新教育不仅仅是对传统教育方式的变革，它还重新定位了教育的功能和意义，代表了一种全面而根本性的教育改革。在当前新经济形势下，高等教育面临新的要求，各大高校需要培养具有探索精神和创业思维的人才，并提升他们的创业素质。因为在新时代经济快速发展的背景下，只有具备高素质的人才，才能跟上社会经济的发展步伐。

第二，创业教育是创新教育的深化和加强。创业本身就是一种新型的创新形式，创新在创业中得到体现，成为创业的基础。社会经济主体在创业时需要坚实的基础，这包括勇于冒险、突破，具备创新和冒险精神，更重要的是具备出色的管理能力。因此，要成为成功的创业者，必须具备多方面的能力，这不仅是管理职责的要求，也是扮演相应角色的需要，这正是创新教育需要不断深化并具体化为创业教育的原因。因此，创业教育在各大高校中应得到广泛推广。

（三）创新创业教育的本质

1. 创新创业教育是新型素质教育

高速发展的信息时代，让高等教育走向大众化、普及化，而创新创业教育是当今时代高等教育发展的必然走向。当前，世界各国都十分重视创新创业教育对国家经济发展的作用，我国亦不例外，创新创业教育已成为我国教育改革的突破口，受到学界广泛关注。

素质教育是在传统教育基础上更新而来，是对传统模式的反思成果。素质教育相较于职业教育，呈现出明显的综合化、全面化倾向，其教育目标是提升学生的综合能力，实现人的全面发展。

创新创业教育是知识型时代、数字化时代下发展的新型教育模式，标志着高等教育进入全新阶段。"创新创业教育是我国实施创新驱动发展战略、推动经济快速发展、促进高校教育教学改革的重要抓手"[1]。创新创业教育的出现推动了素质教育的变革，让素质教育升华为与时俱进的实践教育。创新精神、创业能力等是新时代人才的重要素养。为了顺应时代需求，创新创业教育应该开展具有创新性、实践性等特征的教学活动。创新创业教育是素质教育在新时代需求驱动下的更高层次深化、延伸。

2. 创新创业教育是"四创合一"教育

创新创业教育融合了创造、创新、创业、创优四个方面，旨在培养学生的创造性思维、创新精神、创业能力和创优意识，其终极目标是促进个人的全面发展。创造是一种思维过程，它涉及新想法的提出、新理论的构建、新产品的开发等，是一个从无到有的创造过程。创新则是一种发展能力，它基于现有思维模式对现有事物进行重新发现和认识，任何有价值的新事物或新思想的产生都可以视为创新成果。创业是创新和创造进一步发展的表现，它涉及将创新和创造的成果转化为实际应用，产生经济效益，在现代社会中，创业被视为一种重要的生存和

---

[1] 何源，温兴琦. 国内外高校创新创业教育比较 [J]. 科技创业月刊，2023，36（9）：149.

发展方式。而创新创业教育所培养的，是一种精神品质，它是创造、创新和创业理念的提炼和升华。

所有新的物质或精神成果都可以视为创新的体现，而将这些创新性成果具体实现的活动过程即创造。创业则是利用商业机会和社会资源，将这些创新性成果应用于生产和服务活动的动态过程，它贯穿于创造和创新的整个周期。

3. 创新创业是教育体系的一部分

创新创业教育模式是一种新型教育模式，但并不是对传统教育全盘否定的模式，而是在传统教育基础上延伸、发展而来的教育模式；创新创业教育对固化、刻板的传统教育进行改造，更强调"综合式教育"，即强调基础教育与职业教育、继续教育有机融合，又关注知识理论、实践技能、情感体悟的共同开发。

二、创新创业教育的现代理念

"高校创新创业教育理念对于高校创新创业教育至关重要，决定着其方向是否科学合理"[①]。当前高校创新创业教育的现代理念主要体现在以下三个方面：

（一）教育目标的转变

教育目标的转变标志着高校教育从传统的知识传授向能力培养的转型。在这一转型过程中，高校不再仅仅满足于教授学生已有的知识体系，而是致力于培养学生的创新思维和创业能力，使他们能够在未来的职业生涯中发挥引领作用。这种教育目标的转变，要求高校在课程设置、教学内容、教学方法等方面进行相应的调整和创新。例如，课程设置上，高校可以增加跨学科课程，鼓励学生从不同学科的视角来思考问题，从而培养其综合分析和解决问题的能力。在教学内容上，高校可以引入更多与实际工作和社会需求紧密相关的案例和项目，使学生能够在学习过程中就接触到真实的工作环境，增强其实践能力。在教学方法上，高校可以采用更加灵活多样的教学方式，如小组讨论、角色扮演、模拟经营等，以激发学生的参与热情和创新思维。

---

① 谢秀兰. 试论高校创新创业教育理念的守正创新 [J]. 高教学刊, 2019 (4): 28.

此外，教育目标的转变还要求高校重视学生的个性化发展。每个学生都有自己独特的兴趣和特长，高校应当为学生提供足够的空间和资源，让他们能够根据自己的兴趣和特长进行深入学习和探索。这不仅能够提高学生的学习积极性，还能够帮助他们找到适合自己的发展方向，从而在未来的创新和创业道路上走得更远。同时，高校还应当加强与企业的合作，为学生提供实习、实训的机会，让他们能够在实践中学习和成长，更好地将理论知识与实际工作相结合。通过这些措施，高校可以培养出既有扎实专业基础，又具备创新精神和实践能力的高素质人才，为社会的发展作出更大的贡献。

教育目标的转变还体现在对学生综合素质的重视上。在现代社会，单纯的知识积累已经不能满足个人发展和社会需求。高校创新创业教育强调培养学生的批判性思维、团队协作能力、领导力、社会责任感等综合素质。这些素质对于学生未来的职业发展和个人成长至关重要。批判性思维能够帮助学生在面对复杂问题时进行深入分析，提出创新的解决方案；团队协作能力则能够让学生在团队中发挥自己的作用，与他人共同完成目标；领导力则能够让学生在未来的工作中担任领导角色，引领团队向前发展；社会责任感则能够让学生意识到自己的行为对社会的影响，作出有利于社会和环境的决策。通过培养这些综合素质，高校能够为社会培养出既有专业能力，又有社会责任感的全面发展人才。

（二）教学方法的创新

教学方法的创新是现代高校教育改革的重要方面，它直接影响着学生的创新思维和创业能力的发展。在传统的教育模式中，教学方法往往以教师为中心，学生处于被动接受知识的位置，这种模式虽然在短期内能够让学生掌握一定的知识，但难以培养学生的主动探索和创新能力。为了适应现代社会对创新人才的需求，高校必须采用更加灵活和多样化的教学方法，如案例教学、项目驱动、翻转课堂等，这些方法能够更好地激发学生的学习兴趣，培养他们的创新思维和实践能力。

案例教学是一种以实际案例为基础的教学方法，它通过分析真实的创业案例，让学生了解创业过程中可能遇到的问题和挑战，学习如何运用理论知识解决实际问题。这种方法使学生能够将理论与实践相结合，提高他们分析问题和解决问题的能力。同时，案例教学还能够培养学生的团队协作能力，因为在分析案例的过程中，学生需要进行小组讨论，共同完成案例分析报告。

项目驱动教学法是另一种有效的教学方法，它通过让学生参与到实际的创业项目中，使他们能够在实践中学习和成长。在项目驱动的过程中，学生不仅要运用所学的理论知识，还要学会如何管理项目、协调团队、与客户沟通等。这种方法能够让学生在实际操作中锻炼自己的创业能力，增强他们面对挑战和解决问题的能力。

翻转课堂是近年来兴起的一种教学模式，它颠覆了传统的课堂教学模式，将课堂讲授和家庭作业的顺序颠倒过来。在翻转课堂中，学生在课前通过观看教学视频、阅读教材等方式自主学习新知识，而课堂时间则用于讨论、提问、解决问题等互动性更强的活动。这种方法能够让学生根据自己的学习节奏进行学习，提高学习效率，同时也能够增加课堂的互动性，激发学生的创新思维。

除了上述教学方法，现代高校还可以采用其他一些创新的教学方法，如模拟经营、角色扮演、竞赛式学习等。模拟经营让学生在一个模拟的商业环境中进行决策和管理，培养他们的商业意识和决策能力；角色扮演让学生扮演不同的角色，从不同的角度思考问题，提高他们的同理心和沟通能力；竞赛式学习通过组织各种竞赛活动，激发学生的学习热情和团队合作精神。

（三）评价体系的多元

评价体系的多元化是现代高校创新创业教育的另一重要方面。传统的评价体系往往以考试成绩作为评价学生学习成果的主要标准，这种单一的评价方式忽视了学生创新能力和创业精神的培养。现代评价体系则更加注重过程评价和结果评价的结合，不仅关注学生的最终成果，也重视他们在学习过程中的创新思维、团队合作、问题解决等能力的展现。此外，评价体系还应该包括同行评价、自我评价等多元化的评价方式，以全面、客观地评价学生的创新创业能力。

三、创新创业教育的原则

"高校创新创业教育既是'双创'人才培养的主要渠道，也是激发社会创新发展活力的关键环节"①，创新创业教育原则作为规范高校"双创"教育发展、提升"双创"教育质量的重要前提主要包括以下方面：

（一）"理论"与"实践"结合的原则

高校在开展创业创新人才培养计划时，要重点关注理论与实际相结合。只有理论与实际相结合，才能培养现代社会所需要的创新创业高素质人才。因此，高校在培养创业创新人才过程中，不仅需要加强理论课程的教学培养工作，增强学生的创业创新意识，提升学生的创业创新能力，还需要根据创业者的自身特点，指导学生开展实践，并且积极号召学生参加创业创新活动，提升他们的创业创新能力，做到理论与实际相结合。

（二）"开放"与"协同"结合的原则

高校受到教育资源分配与资源有限等问题影响，要获取有利于培养创业创新教育人才的优质资源，高校应该坚持开放办学，并与各部门创立共同创新体制机制；还应该为了培养创业创新人才，建立创业协同机制，将各部门的职能步调统一，从而促进创业创新教育的长久发展。

（三）"全程性"与"分层性"结合的原则

创业创新教育要发展得好，必须具备开放性与延续性的特点，也是终身教育系统的重要组成因素。全程性体现在大学创业创新教育阶段的开放性与延续性。高校需要将创业创新教育的目标与其专业教学体系相结合，更好地培养全面的创业创新教育人才。

高校的创业创新教育在不同的时期应当具有不同的侧重点。在刚进入大学时期，应当先让学生充分了解创业创新，应该重点培养创业者的创业意识，让他们掌握相关内容的基础知识。在学生具有创业创新意识后，应当有针对性地开展技能培训教学，并且不断提高学生在创业过程中的意志力、创业能力与综合素质。

---

① 周凤. 基于 OBE 理念的应用型本科高校创新创业教育评价体系的构建与分析［J］. 渭南师范学院学报，2022，37（7）：37.

在培养高校毕业生时，学校应当重视教育延续性的特点，实施创业创新教育人才培养，由全面人才培养到重点的创业创新人才培养。要达到更好地发展创业创新教育目标，需要将高校创业创新教育落到实处，发挥其最大作用。

四、创新创业教育的意义

（一）创新创业教育对教育发展的重要意义

随着现代市场经济的发展和知识经济时代的到来，高等教育面临着更新教育观念、转变教育思想的新要求，这要求我们将创新创业教育的实质精神融入高校教育管理和具体教学过程中，摒弃传统教育中普遍存在的知识灌输和过分强调统一的教育模式。反之，应该围绕创新创业教育重新构建适应时代需求的人才培养模式，激发学生的个性与潜能，促进学生的全面发展。同时，将这一理念推广到整个高等教育体系中，推动国家建设创新型的教育思维和教育模式，深化当代素质教育，确立以培养创新意识为目的的新时代教育理念。

当前，我国要实现与世界高等教育同步甚至超越，关键在于教育观念的更新和教育思想的转变，这一转变是适应国家当前经济社会发展的要求，是加快经济发展方式转变和建设国家创新体系的迫切需求。只有不断更新教育观念和转变教育思想，中国高等教育才能实现真正意义上的跨越式发展。

高校教育要在创新创业教育的思维、知识和方法上取得有价值的成果，培养高素质的创新创业人才，这不仅需要提高教师的综合素质，更重要的是使每位教师充分认识到自己在创新创业教育中的重要地位和主导作用。教师应切实转变育人观念，将对学生创造力、创新力和创业力的培养融入整个教学过程，致力于培养学生的创新精神，提升实践能力，增强服务国家与人民的社会责任感。

近年来，随着素质教育理论的不断研究和探索，我国高等教育正在经历全面而深刻的变革。素质教育在近年的教育实践中尚未得到全面而切实的落实，教育模式、理念和手段都需进行根本性的改变，以适应新的时代创新创业教育的推进和创新创业人才的培养需求。创业的本质与核心在于创新创造，它包括开拓事业、岗位立业、创办新企业、开拓新岗位等多种形式。创业不再局限于传统意义上的企业创办，而是更加强调对学生学习能力的培养，帮助他们学会学习与生存，把握机会，加速自我发展。

另外，教师教书育人观念的转变，是高校教育思想和教育观念更新的具体体现。当前，创新创业教育围绕创新的本质与核心展开，强调个性、创新性、实操性和开放性。教育不再仅仅关注专业知识的传授，而是更加注重培养学生的创新意识和精神，提高创业能力和内在素质。

随着世界越来越多国家对创新创业教育的重视，它已成为顺应时代发展的必然教育改革趋势。全面推进素质教育，实现高等教育转型，培养符合社会和市场需求的创新型人才，是我国高等教育改革的主要目标。创新创业型人才的培养也符合国家市场经济的发展要求。

当前已经迈入了全新的知识经济时代，这对高等教育提出了新的要求。知识经济时代的特点包括科技产业的快速发展、市场环境的不断变化、产业变革的迅速等。在这样的背景下，创新和共享已成为市场的常态。因此，高等教育如何适应新时代的需求，培养能够引领时代潮流的创新型人才，成为当前教育改革面临的重要课题。高校需要不断探索和实践，以满足知识经济时代对教育的新期待和挑战。

（二）创新创业教育对社会经济的重要意义

创新创业教育能够激发个体的创造力和创新精神，这是推动经济增长和社会进步的关键动力。在全球化和信息化日益加深的今天，创新已成为国家竞争力的核心。通过创新创业教育，可以培养出一大批敢于挑战现状、勇于探索未知的人才，他们将成为新思想、新技术和新业态的创造者，从而为社会经济注入源源不断的活力。

创新创业教育有助于解决就业问题，促进社会稳定。随着经济发展和社会变革，传统的就业模式已经不能满足现代社会的需求。创新创业教育鼓励学生自主创业，不仅能够创造更多的就业机会，还能帮助他们实现个人价值，提高生活质量。此外，创业活动还能够带动相关产业链的发展，形成新的经济增长点，这对于缓解就业压力、促进社会和谐具有重要意义。

创新创业教育是适应新时代经济发展要求的战略选择。在当前以创新为主导的知识经济时代，社会对人才的需求已经从传统的知识型、技能型转变为创新型、复合型。创新创业教育能够培养学生的创新思维、创业能力和团队协作精神，使他们能够适应快速变化的经济环境，引领和推动产业升级和经济结构优化。这对于提升国家的创新能力和国际竞争力，实现可持续发展具有深远的影响。

▶ 第二节　数字经济时代创新创业教育改革思路

高校是培育技能型人才、应用型人才的主要阵地，为我国输送诸多优秀人才，为推动我国经济发展做出了贡献。随着时代的不断发展和进步，高校在培养人才上也在不断地进行改革和改进。特别是在近些年，我国为了进一步深化高等教育的改革，提出了在高校要适当开展创新创业方面的教育，并出台了一系列的支持措施。

数字经济是伴随着当前蓬勃发展的大数据技术、互联网技术等现代的信息技术发展起来的。"数字经济具有开放性、创新性、智能化特点，对创新创业能力培养提出了新要求"[①]。数字经济的发展促使高校的传统的教育模式要逐渐向着时代化、个性化的教育方向发展，尤其是高校的创新创业教育在数字经济的背景下必须进行改革。因为在"大众创业、万众创新"的理念下，市场经济的发展对于各种创新人才的需求越加明显，也对高校的人才培养提出了更高的要求。在新媒体时代，学生获得知识的渠道越来越丰富，这促使高校在创新创业教育中必须关注到学生的创新创业的实践、学习的互动能力等。为此，在数字经济不断发展和进步的背景下，需要对高校的创新创业教育进行改革和研究，以进一步推动我国高校创新创业教育的发展以及新时代社会对于人才培养的需求。

随着我国一系列关于创新创业教育的政策与规定的陆续颁布，高校被赋予了

---

①廖文献.数字经济时代职业院校创新创业教育体系建设[J].继续教育研究，2024（8）：52.

新的发展导向和育人使命。这要求高校必须从自身实际出发，秉持全新的思路，在创新创业的道路上进行实践与探索，以期实现创新创业教育的既定目标。为此，高校需进一步深化在创新创业教育领域的改革与研究，以适应时代发展的需求。

在数字经济时代背景下，高校的创新创业教育必须紧密结合时代发展的特征和社会背景，积极实施改革。这意味着高校需要积极探索在数字经济时代背景下，适合学校自身发展需求的创新创业教育发展路径。这一路径应涵盖思想政治、知识结构、技术技能教育等多个方面，旨在培养符合数字经济发展需求的新型人才。

同时，高校还应致力于将人才创新的成果转化为现实的生产力，促进人才培养与社会需求的紧密连接。这不仅有助于提升高校的教育质量和社会影响力，更为我国的发展奠定了坚实的人才基础。通过这一系列的改革与实践，高校有望在数字经济时代中发挥出更加积极和重要的作用。

▶ 第三节　数字经济时代创新创业教育的发展路径

一、明确创新创业教育的教学目标

在数字经济浪潮的推动下，高校的创新创业教育面临着前所未有的机遇与挑战。为了在这一时代背景下有效促进学生的全面发展，高校必须首先明确创新创业教育的教学目标，这不仅是对传统教育模式的革新，更是对未来社会需求深刻洞察后的主动适应与前瞻布局。

（一）目标设定的适应性：对接数字经济需求

明确教学目标的首要任务在于确保教育的适应性，即教育内容与方式需与数字经济的实际需求紧密相连。这意味着，高校应深入分析数字经济对人才能力结构的新要求，包括但不限于数据分析、云计算、人工智能、电子商务等多个领域的知识与技能。在此基础上，创新创业教育的目标应聚焦于培养学生具备跨界融合的能力、敏锐的市场洞察力以及基于数字技术的创新能力，使他们能够在快速变化的数字经济环境中找到创业机会，实现个人价值与社会贡献的双重提升。

（二）目标定位的前瞻性：预见未来趋势

除了适应性，教学目标还需具备前瞻性，即要预见并准备学生未来可能面对的职业环境与社会挑战。在数字经济时代，技术的迭代速度加快，新兴行业不断涌现，这要求创新创业教育不仅要教授当前的技术与知识，更要引导学生掌握终身学习的能力，培养他们成为能够持续适应新技术、新模式的"未来学习者"。因此，教学目标应包含培养学生的创新思维、批判性思考能力以及对未知领域的探索勇气，使他们能够在面对未来不确定性时，依然能够保持竞争力与创新活力。

（三）目标实现的系统性：构建全方位支持体系

明确教学目标之后，高校还需构建一套系统的支持体系，确保这些目标能够有效实现。这包括但不限于：一是课程设计，应围绕创新创业的核心能力，开发跨学科、实践导向的课程体系；二是师资建设，提升教师的创新创业教育能力，鼓励教师参与创业实践，增强教学的实践性与针对性；三是平台搭建，建立校企合作机制，为学生提供真实的创业体验与资源对接平台；四是文化营造，营造鼓励尝试、宽容失败的校园创新创业文化，激发学生的内在动力与创造力。

（四）目标评价的科学性：建立多元化评价机制

为确保教学目标的有效达成，高校还需建立一套科学、多元的评价机制。这不仅要关注学生的学习成果，如创业计划的实施、创新项目的完成情况等，更要重视过程评价，如团队合作能力、问题解决能力、创新思维的发展等。同时，引入外部评价，如企业导师、行业专家的反馈，以及毕业生在就业市场或创业领域的实际表现，作为教学质量与效果的重要参考，从而不断优化教学目标与教学策略。

二、改革创新创业教育的教学内容

在数字经济时代的大潮中，创新创业教育作为高校教育体系的重要组成部分，其教学内容的改革显得尤为迫切与重要。这不仅仅是因为数字经济本身所蕴含的无限潜力与创新要求，更是因为传统的教学内容与方法已难以满足当前社会对创新创业人才的迫切需求。因此，高校必须从教学内容这一核心环节入手，深入挖掘并利用教学资源中的创新创业教育元素，以期在理论与实践两个层面实现突破与创新。

第一，教学内容的设计需关注到学生发展的个性化需求。每个学生都有其独特的兴趣、特长与潜能，而创新创业教育正是要激发这些内在潜能，引导学生将其转化为实际的创新与创业行动。因此，教学内容的设计不能一刀切，而应根据学生的不同特点与需求，提供多样化的课程选择与个性化的学习路径。这不仅可以增强学生的学习动力与参与度，还有助于培养其独立思考与解决问题的能力，为未来的创新创业实践打下坚实的基础。

第二，课程的操作性要强，注重实践与应用。创新创业教育不是空洞的理论宣讲，而是需要学生在实践中不断摸索与尝试的过程。因此，教学内容的设计应注重实践操作与案例分析，通过模拟创业项目、企业实地考察、创新创业大赛等形式，让学生在实践中学习，在学习中实践。这样不仅可以增强学生对创新创业的直观感受与理解，还可以帮助其积累宝贵的实践经验，提升解决实际问题的能力。

第三，教学内容应充分融入数字经济的各方面内容以及一些信息技术的内容。数字经济作为当前经济发展的新引擎，其涉及的云计算、大数据、人工智能、区块链等前沿技术，都是创新创业的重要领域与方向。因此，高校在设计创新创业教育内容时，必须紧跟时代步伐，将这些新技术、新应用纳入课程体系，使学生能够及时掌握最新的行业动态与技术趋势，为其在数字经济领域的创新创业活动提供有力的知识支撑。

第四，保证教学内容可以顺利实施的同时，更好地实现高校的创新创业教育的目标。这要求高校在改革教学内容时，不仅要注重内容的创新与前瞻性，还要考虑到实施的可行性与效果评估。一方面，高校应加强与业界、政府及社会各界的合作与交流，共同开发符合市场需求与行业发展趋势的课程内容；另一方面，还应建立完善的教学评估与反馈机制，定期对创新创业教育的实施效果进行评估与反思，及时调整与优化教学内容与方法，以确保创新创业教育的质量与成效。

三、改进创新创业教育的教学方法

为了更好地适应时代发展的需求，高校必须对现有的教学方法进行革新与升级，以期在培养学生的创新创业能力上实现新的突破。这一过程不仅需要坚持学生在教育过程中的主体地位，还需要不断寻求并实践多元化的教学方法，以促进创新创业教育的高效实施。

高校应充分认识到学生的个性化学习需求与当前的数字化趋势，这是改进教学方法的重要前提。每个学生都有其独特的学习风格与兴趣点，而数字经济的蓬勃发展又为学生提供了丰富多样的学习资源与平台。因此，高校在制订创新创业教育方案时，必须充分考虑这些因素，确保教学方法能够既满足学生的个性化需求，又能紧跟时代发展的步伐。

高校可以探索开展线上线下相结合的教学方式，以充分利用数字经济的优势来提升教学效果。线上教学可以突破时间与空间的限制，为学生提供更加灵活与便捷的学习体验；而线下教学则更注重实践与互动，能够帮助学生将所学知识应用于实际情境中。将这两种教学方式相结合，不仅可以促进师生之间的深入交流与合作，还能充分发挥学生的主动参与精神，提升其自主学习与解决问题的能力。

高校还可以借鉴翻转课堂、项目式学习等先进的教学理念与方法，来进一步丰富创新创业教育的课堂形态。翻转课堂强调学生在课前通过自学掌握基础知识，而在课堂上则主要进行深入的讨论与实践；项目式学习则鼓励学生围绕某个具体项目或问题展开探究与合作，以培养其团队合作与解决实际问题的能力。这些教学方法的应用，都有助于打破传统课堂的束缚，激发学生的学习兴趣与创造力。

高校还应注重培养学生的批判性思维与创新能力。在创新创业教育的过程中，教师应鼓励学生勇于质疑、敢于创新，培养其发现问题、分析问题与解决问题的能力。同时，高校还可以通过举办创新创业大赛、创业沙龙等活动，为学生提供展示自我与锻炼能力的平台，增强其创新创业的实践经验与信心。

为了确保改进后的教学方法能够得到有效实施并取得预期效果，高校还应建立完善的教学评估与反馈机制。通过对教学过程与结果的定期评估与反思，高校可以及时发现并解决存在的问题与不足，不断优化与创新教学方法，以确保创新创业教育的质量与成效。

四、丰富创新创业教育的教学手段

在数字经济时代的大潮中，教育领域的变革正以前所未有的速度推进，尤其是创新创业教育，其教学手段的丰富与革新成为提升教育质量、培养学生创新思维与能力的关键。随着现代技术的蓬勃发展与广泛应用，教育与技术的深度融合已成为不可逆转的趋势，这要求高校必须及时调整其教育理念与路径，积极拥抱数字化思维，探索并实践基于数字化技术的教学模式，以期在创新创业教育中实现教学手段的多元化与现代化。

翻转课堂、网络课程等新型教学模式的引入，为创新创业教育打开了新的窗口。这些模式打破了传统课堂的时空限制，鼓励学生自主学习、合作探究，不仅极大地提升了学习的灵活性与便捷性，还促进了学生批判性思维与创新能力的发展。通过在线平台的讨论、项目协作，学生能够更加主动地参与到学习过程中，实现从被动接受到主动探索的转变，这对于培养具有创新精神和创业能力的人才至关重要。

大数据与人工智能技术的应用，为创新创业教育的个性化与精准化提供了可能。通过分析学生的学习行为、兴趣偏好及能力水平，教育者可以定制更加符合个体需求的教学内容与策略，实现"因材施教"。同时，利用智能推荐系统，为学生提供个性化的学习资源与路径规划，帮助他们在创新创业的道路上找到最适合自己的发展方向，有效提升教育的有效性与针对性。

虚拟现实（VR）、增强现实（AR）等先进技术的融入，为创新创业教育创造了沉浸式的学习环境。学生可以在虚拟环境中模拟创业过程、体验市场环境、进行产品设计，这种身临其境的学习方式极大地增强了学习的直观性与互动性，使学生在实践中学习，在学习中创新，有效缩短了理论知识与实际应用之间的距离。

此外，高校还应积极构建线上线下相结合的混合式教学模式，充分利用互联网平台的优势，打破资源壁垒，实现优质教育资源的共享。通过邀请行业专家、成功创业者开展线上讲座、工作坊，以及组织学生参与线下实地考察、创业竞赛等活动，形成理论与实践相结合、校内外资源互补的教学体系，全方位提升学生的创新创业能力。

五、开展丰富的创新创业教育实践活动

高校作为人才培养的重要基地，其最终目标是向社会输送能够适应并推动社会发展的各类人才。鉴于这一使命，以及当前数字经济快速发展对人才提出的新要求，高校必须致力于培养既具有社会适应性又符合数字经济时代发展需求的人才。为此，高校需积极开展丰富多样的创新创业教育实践活动，为学生提供实践锻炼的机会，以锤炼其能力、巩固其理论基础并积累宝贵经验，为日后步入社会进行创新创业做好充分准备。

在实施创新创业教育的过程中，高校应充分利用与当地企业的合作机会，组织学生深入企业进行实地考察和实践活动，以此作为学生真正创业前的"实战演练"。这种"热身"方式不仅有助于学生更好地理解企业运营的实际环境，还能在实践中提升他们的创新创业能力。为了进一步强化学生的实践能力，高校应加大产教融合的推进力度，为学生创造更多参与实践活动的机会，确保每位学生都能在实践中得到锻炼和提升。

此外，高校还应鼓励学生充分利用假期时间参与各类社会实践活动，通过亲身参与社会各项事业和工作，增强学生的社会适应能力，并激发他们的创新创造潜能。这种实践经历不仅有助于学生更好地了解社会需求，还能为他们的创新创业提供灵感和方向。

对于经济条件允许的高校，更应积极利用自身财力和资源优势，构建"互联网+"产业平台。该平台应紧密围绕创新创业教育主题，为学生提供研究、学习、

成果展示的一体化空间。通过这样的平台，学生可以进一步培养和提升创新创业的信心和决心，并为他们未来的成功创业提供全方位的支持和帮助。总之，高校应通过多种形式的实践活动，全面提升学生的创新创业能力，为社会输送更多具有创新精神和实践能力的高素质人才。

六、营造良好的创新创业教育氛围

在数字经济时代背景下，我国对高等教育，尤其是大学生创新创业教育的重视程度日益提升，为此出台了一系列政策文件，旨在为高校创新创业教育的改革与实施提供坚实的政策支撑与良好的外部环境。在此背景下，高校对创新创业教育的关注度也显著提升。为了有效促进学生创新创业能力的全面提升，高校需致力于构建一个积极、健康且富有激励性的教育氛围，以此激发学生参与创新创业教育的热情与积极性。

首先，高校需紧密结合数字经济时代的发展特征、各专业的发展趋势、学生的兴趣点以及个人发展需求，对现有创新创业教育体系及课程进行深度改革与创新。这一改革旨在为学生创新创业能力的培养奠定坚实的基础，确保教育内容与时代需求、学生需求紧密相连，从而增强学生的学习动力与实践能力。

其次，教师作为教育教学的核心力量，其教育理念的转变与更新至关重要。教师应树立鲜明的创新创业教育意识，积极探索并实践新型的教育教学模式与方法，将创新思维与创业意识的培养有意识地融入日常教学中。通过教师教育理念的不断更新与教学方法的创新，共同营造出一个充满活力、鼓励创新的创新创业教育氛围，使学生在这种氛围中能够主动、自觉地学习创新创业知识，进而实现创新创业教育的培养目标。

最后，高校需紧密贴合数字经济时代的需求，对创新创业教育进行持续的优化与升级。这包括完善数字教育平台的建设，强化实践平台的搭建，以及与企业建立深度合作，共同为学生创建校内模拟实践场景。通过这些措施，为学生提供不受时间与空间限制的学习途径与实践机会，为创新创业教育的深入实施提供坚实的基础保障。

七、建立健全创新创业能力评估体系

在数字经济时代背景下，随着现代化数字技术、智能化技术、生产工艺以及新产品的研发不断推进，社会对于具备专业知识体系及创新创业能力的高素质人才需求日益迫切。高校作为人才培养的重要基地，承担着为社会输送具备创新精神和创业能力人才的重任。因此，高校必须转变传统的教育教学理念与模式，充分重视并致力于学生创新创业能力的培养。在此过程中，建立健全创新创业能力评估体系显得尤为重要，它是保障创新创业教育工作顺利开展、提升教育工作可操作性和专业性的关键。

在构建和优化创新创业能力评估体系的过程中，高校需首先立足创新创业教育的现状进行深入分析，全面把握教育工作的实际进展与挑战。同时，评估体系的构建应紧密结合学生的实际学习情况、思维能力等多维度因素，确保评估体系的全面性和科学性。

为了实现对教育过程及学生能力的精准评估，高校应充分应用数字技术和互联网技术，构建智能化的评估平台。这些技术能够为学生提供个性化的评估服务，精准测量他们的创新创业意识、能力水平以及发展潜力。通过实时、客观的数据反馈，教师可以及时调整教学策略，为学生提供更加有针对性的指导和支持。

此外，评估体系的建立还应注重与创新创业教育的实践环节相结合。高校可以通过组织各类创新创业竞赛、实践活动等，为学生提供展示和提升创新创业能力的平台。同时，这些实践活动也可以作为评估体系的重要组成部分，通过学生在实践中的表现来全面评估他们的创新创业能力。

▶ 第四节　工商管理人才创新创业教育改革的探索

工商管理专业的创新创业教育应与时代背景结合起来，进一步加强对创新创业课程的信息化建设，以此来促进教育体系与教学模式不断发展，增强学生的创新创业自主性,确保高校学生就业质量与综合素质的持续提升。面对新时期的创新创业教育理念,高校必须紧跟社会发展的步伐,积极开展教学改革,为学生能更好地就业创业提供有效保障。

一、数字经济时代对工商管理人才的要求

(一) 拥有创新的思维模式

数字经济时代,是在互联网技术以及各种先进信息技术蓬勃发展的基础上应运而生。回溯至网络诞生之前,人们的思维方式呈现出高度的一致性,主要依赖于垂直性的思维逻辑来应对生活与工作中的各种挑战。这种垂直思维模式以其强大的概括性为特点,其核心在于遵循既定的规则与程序,然而,其固有的僵化性也较为明显。

随着网络信息技术的迅猛发展与广泛渗透,社会对工商管理类人才的思维方式与思维能力提出了更为严苛的要求。在数字经济这一全新时代背景下,工商管理人才必须积极适应这一变革,主动摒弃传统的思维模式,不断进行思维的创新与重塑。这一转变不仅是应对新经济发展模式所带来的社会巨大变革的必要条件,更是工商管理人才在数字经济时代中保持竞争力与创造力的核心要素。因此,工商管理人才需积极拥抱变化,以开放、灵活和创新的思维方式,来引领和适应数字经济时代的发展潮流。

(二) 定期扩充自身知识储备

在数字经济这一日新月异的时代背景下,工商管理专业的学生面临着前所未有的挑战与机遇。为了适应这一时代的发展需求,他们不仅需要积极学习并掌握本专业的核心知识内容,构建坚实的知识基础,还必须自觉地向其他专业领域进行拓展学习,不断扩充自身的知识储备。这一要求的提出,是基于数字经济时代工商管理领域日益复杂化和交叉融合的发展趋势。通过跨学科的学习,学生可以将不同领域的知识进行有机融合,形成更为全面和深入的理解,从而在未来的工作中更好地实现对不同专业知识的综合应用。

此外，持续扩充与更新知识储备还是培养工商管理人才创新思维的重要途径。在数字经济时代，创新是推动企业持续发展和市场竞争力的核心动力。而创新思维的培养，往往源自对多元知识的广泛涉猎和深度思考。因此，工商管理专业的学生需要通过不断学习新知识，打破传统思维模式的束缚，以更加开放和包容的心态去审视和解决问题，从而在实践中不断锤炼和提升自身的创新思维能力。

（三）较强的自学及思考能力

在数字经济时代背景下，工商管理人才若欲具备良好的创新创业能力，其自学与思考能力的深度强化显得尤为关键。这不仅要求他们能够对学习过程中出现的问题提出独到的见解和思考，更意味着他们应具备在有限的教学时间内，自主挖掘和拓展知识的能力。鉴于教师无法在有限的课程时间里传授所有知识，工商管理的学习者必须积极投身于自主学习之中，对所学内容展开深入而全面的思考，以形成自己独特的知识体系和理解框架。

值得注意的是，这种自学及思考能力并非一时之需，而应成为工商管理人才终身坚持的习惯。它不仅仅局限于工商管理领域，更应广泛涉及其他相关领域，以形成跨学科的知识结构和思维体系。通过这样的方式，工商管理人才将能够更好地应对工作中遇到的各种复杂难题，展现出更强的适应性和创新能力。因此，自学及思考能力的培养，不仅是工商管理教育的重要内容，也是每一位工商管理人才在数字经济时代中持续成长和发展的核心驱动力。

二、工商管理人才创新创业教育的原则

（一）兼顾前瞻与柔性

随着技术革新与市场环境的快速变化，民众的创业门槛正经历着前所未有的降低。这一趋势为工商管理专业带来了新的挑战与机遇，要求其创新创业教学设计必须具备良好的前瞻性。具体而言，工商管理专业需准确预判社会对于创新创业人才的需求趋势，以此为基础，对课程内容进行前瞻性的优化与调整。这包括提高课程中创新创业部分的占比，尤其是那些与现代信息技术紧密相关的内容，

以确保学生能够掌握最新的行业知识与技能。

同时，工商管理专业在追求前瞻性的同时，也必须兼顾柔性的原则。这意味着在确保基础教学内容课程占比不失的基础上，应预留出足够的课程调整接口和空间，以应对未来可能出现的新技术、新业态和新模式。为了实现这一目标，工商管理专业应积极开设与创新创业相关的选修课，以丰富学生的知识结构和技能体系。这样的课程设计不仅有助于满足人才培养的多样性需求，还能增强教育的灵活性，实现分流培养的效果。

最终，工商管理专业应致力于建立一个柔性化的、能充分体现专业特色的动态课程调整机制。这一机制应能够根据外部环境的变化和内部教学的反馈，及时对课程内容、教学方法和评估体系进行调整和优化。通过这样的方式，工商管理专业将能够更好地适应数字经济时代的需求，培养出具备前瞻性和创新精神的优秀人才。

（二）兼顾融合与实践

在工商管理专业对人才进行创新创业能力培养的过程中，应当坚定不移地以提高学生的实践能力作为工作的核心与重心。这一原则强调了实践与理论之间的紧密结合，是创新创业能力培养不可或缺的关键环节。因为，要想在创新创业领域取得成功，仅仅依靠理论知识的学习是远远不够的，必须引导学生积极投身于相关的工作实践中，通过亲身实践来掌握与企业日常管理及经营密切相关的各项技能。

实践不仅是对理论知识的验证和应用，更是对理论知识深度和广度的拓展。只有让学生在实际的工作环境中，面对真实的问题和挑战，他们才能真正理解并掌握课程知识与理论，从而实现专业能力与职业素养的有效提升。这种实践性的学习方式，能够使学生更加深入地理解企业管理的复杂性和多变性，培养出他们解决实际问题的能力。

同时，将学科知识作为创业的基础，把创新意识与理念融入整个创业的过程之中，也是实现培养创新创业型人才这一目标的重要途径。这意味着，工商管理专业在创新创业教育中，不仅要注重传授基本的学科知识，更要注重培养学生的创新意识和创业精神。通过将理论知识与实践经验相结合，引导学生将所学的学科知识转化为实际的创业行动，从而在实践中不断锤炼和提升他们的创新创业能力。这样的教育方式，不仅能够增强学生的实践能力，还能够激发他们的创新思维，培养出真正具备创新创业精神的高素质人才。

（三）兼顾特色与开放

鉴于各高校在资源禀赋及办学定位上的显著差异，其所制定的人才培养目标亦应体现出相应的特色与差异。因此，各地高校工商管理专业在推进人才培养的过程中，应当深刻把握自身院校的独特优势与特色，采取差异化的创新创业教育模式，以确保人才培养的针对性和实效性。

同时，高校工商管理专业在人才培养过程中，还应对当地社会的发展需求给予充分的关注与考量。这意味着，教育过程不能孤立于社会现实之外，而应牢固坚持开放性的教育原则，积极寻求与周围兄弟院校以及当地企业的深度合作与交流。通过这种跨界的互动与合作，学生可以在真实的社会环境中，根据自身所学知识进行深入实践，从而将理论知识与实际操作紧密结合，提升他们的创新创业能力。

此外，为了更好地满足地方特色需求，高校工商管理专业还应构建起完善的课程反馈机制，让企业也能一同参与到课程设计之中。这种企业参与的模式，不仅有助于确保课程内容与实际需求的紧密对接，还能为企业提供一个直接参与人才培养的平台，从而实现教育与产业的深度融合。

最终，高校工商管理专业应致力于建立起能满足地方特色需要的创新创业课程体系，并积极做好相关课程平台的建设工作。这些平台应成为教学信息及资源共享的重要载体，不仅服务于本校师生，还能为更广泛的社会群体提供学习与实践的机会，从而推动创新创业教育的持续发展与创新。

三、工商管理人才创新创业教育的改革措施

（一）制定合理的课程信息化发展目标

面对当今数字经济的高速发展，信息化是工商管理专业进行创新创业教育改

革的必由之路，可以有效促进学生的创业能力与创新思维发展，并促使其全面提升。而在这个过程中，按照学生的具体发展情况与人才培养的相关要求，制定合理的课程信息化发展目标有着至关重要的作用。为此，创新创业教育工作者可以从以下角度入手：

首先，根据学生的实际情况以及如今创业市场的具体发展趋势开展相应的调研分析，借助院校所拥有的资源细致梳理创业市场所显示出的各种信息，由此实现对现实情况的充分掌握，进而使院校管理者能够对创新创业教育在工商管理专业中的重要意义形成更为清晰的认识，从而实现更为完备的课程信息化发展目标构建，为创新创业教育质量的有效提升打下良好的基础。

其次，教学管理者还应当认真研读相关领域的法律规范，通过深入探究对国家的政策导向形成准确把握，其内容往往对各地高等院校应如何开展创新创业课程教育以及怎样提升学生的创新创业信息服务水平有着明确的要求和指导，由此制定课程信息化发展目标可以让工商管理专业的创新创业教育改革与政策导向保持充分吻合，切实提高相关教育工作的适应性与科学性。同时，还要合理吸收其他院校建设信息化创新创业课程的经验，这同样也能为课程信息化发展目标的制定提供有效参考，有助于创新创业教育水平的不断提升。

（二）加大创新创业课程体系改革力度

随着时代、经济以及技术的不断演进，社会对应用型、复合型、创新型信息化人才的需求呈现出持续增长的态势。这一趋势要求高等院校工商管理专业必须积极提升思想认知，从体系层面入手，对创新创业课程进行针对性的信息化教育改革，以期为高校创新型人才培养质量的提升奠定坚实的基础。

在课程设置的具体实践中，院校管理者与创新创业教师应当积极关注大数据技术与信息化技术的最新运用，并充分收集和分析专业学生的相关信息。这一过程需要对学生的具体情况以及应采取何种差异化的培养策略进行多维度、全方位的分析与研究。基于这些信息分析结果，传统的创新创业教育体系与教学模式应得到针对性的改革和优化。

改革的核心在于，通过信息技术的全面融入，使工商管理专业的创新创业教育能够真正落实因材施教的基本教学原则。这意味着创新创业教师应根据学生的实际能力与兴趣，积极调整和改进课程培养目标，确保创新创业课程的教学内容能够与学生的实际发展需求紧密相连，从而实现对学生素质与能力的全面培养。这一改革过程不仅旨在提升创新创业课程的信息化水平，更在于使工商管理专业的学生能够有效满足数字经济发展的时代要求。通过课程体系的深度改革，我们期望能够培养出更多具备创新思维、实践能力和良好信息素养的工商管理专业人才，以应对数字经济时代的挑战和机遇。

（三）多维度、宽领域的教学资源整理

根据院校的实际教学情况，在目前院校创新创业教学的基础上，多维度搜集相关教学资源，探寻社会上那些创业精英的具体成长历程，找出更适合工商管理专业的创新创业教材，将多维度的教学内容融入教学创新之中，尽可能展现课程的教学目的，将真实创业过程与课程内容结合起来。

在合适情况下，高校还可以联系成功创业者，邀请其到校分享自身经验，让学生更好地理解创业理念，不断提高自主创业的自信心与积极性，而学生也能借此有效延伸并拓展思维，不断挖掘自身的潜力，从而更好地落实自身的创新创业想法。借助这些实践经验也可以有效丰富原本枯燥的课程知识讲解，使之变得更加饱满、充实。从多维度宽领域的角度来看，对工商管理专业的创新创业课程的进一步优化与完善，可以帮助学生更好地将相关知识落实到社会应用之中，使学生明白社会对创业创新人才的实际需要，找到更加符合自身情况的创新创业方向。

（四）构建跨界共享型的教学资源体系

高校在对工商管理人才进行创新理念与意识培养的过程中，可以参考国内外进行创新创业教育的成功案例，根据院校的现实特点，尝试与国际或国内的知名高校构建起良好的教育合作关系，从互学互鉴的角度构建多元共享的教育教学资源体系，对自身的教学内容与教育资源予以进一步优化与整合，不断提高院校的创新创业教育质量。其实施可以借助大学生就业创业、校企联合等方式实现社会

资源整合，从实践出发为工商管理专业的学生构建起更为优质高效的创新创业教育资源体系模式。同时，还要实现跨专业、跨学院的跨界教育信息共享，帮助学生突破工商管理专业本身的内容限制，让创新创业教育更好地与其他专业结合，从而有效提升其知识内容的全面性。教师也可以在这种教学资源模式的帮助下，充分了解其他学校在创新创业教育工作中的思路，进而不断完善并优化自身教学理念，在互相学习的教学探索中使学生不断加强知识积累。

（五）建设实践教育课程

高校工商管理的创新创业实践教育可以大致分为两个部分，即在校的实践教学和社会性实践。实践教学主要可以从竞赛、实验以及案例教学三个层面进行。

首先，教师可以在现有专业课程的基础上引入相应的案例教学，比如按照会计学课程进度针对性地引入当地知名企业在初创阶段在资产价值评估、预算以及核算等方面的相关内容，针对人资管理课程教学进度以员工激励与管理为主题展开相应的讲座，等等。

其次，从专业课与通识课的教学内容出发，挖掘其中需要进行实践训练的重点内容，开发实验，并编写相应的实验指导书。

最后，鼓励学生积极参加各种创新创业的比赛，并做好相应的奖励与培育机制。至于社会实践，则应当以学生的实习为主。教师要针对当地的特色优势产业，对已开始实践尝试的学生展开个性化辅导，提升他们在资本筹集、财务税务、合同交易、市场营销、经营管理等方面的知识储备和技能。同时，为有效提高学生在创新创业过程中的实践经验，高校还应当与地方企业构建起良好的合作发展关系。为此，教师要对培养学生实践能力的重要性形成充分认识，利用数字化技术与信息技术来加强针对学生的创新创业实践平台建设，让学生能够借此得到更多的创新创业经验积累，使其实践能力更为符合数字经济时代下创业市场的主要发展趋势以及相关企业的具体发展要求，为工商管理人才创新创业教育质效的提升构建营造良好的环境氛围。

（六）营造浓厚的创业氛围

为了提高工商管理人才的创新创业意识，院校方面应积极组织并鼓励学生参加"互联网+"的创新创业比赛以及各种社会组织科研活动、大学生竞赛等。同时，还要不定期地举办针对工商管理专业的创业讲座，为学生提供更多与商界人士交流的机会，使他们更好地解决在学习创业与具体实践中遇到的问题，进而实现对学生未来创业途径与方向的科学引导。另外，为有效激发工商管理人才的创新能力和创业激情，院校还可以借助实践小组的形式，帮助学生在具体实践中不断积累必要的经验，如通过社团活动来锻炼学生在各个方面的综合能力。院校亦可以利用学校的现有资源，如网络媒体、图书馆等，为学生在数字经济时代下的创新创业提供相应的信息资料与指导，使其增进对当前创业市场的了解。此外，学校还应当为学生的创新创业提供一定的资金支持，如学生为验证创新性研究想法、对于已初步成型但尚未获得许可的技术等，都可以设置孵化资金，以此来满足其发展所需，这也有助于在校园内形成鼓励创业的浓厚氛围。

（七）完善信息化教学平台建设

在过去的高校创新创业教学中，由于教育渠道等方面的影响，学生在关于项目的选择、推广以及信息研讨等工作中很容易遇到各种挑战或困难，这也会不可避免地对学生的创新创业实践能力发展造成阻碍，同时也不利于高校创新创业课程信息化水平的有效提升。为进一步加快工商管理专业的创新创业课程信息化建设，为学生的创新意识与创业能力发展提供良好的技术支撑，还应当积极进行相应的信息化教学平台建设。

在构建教学平台的过程中，要注意使其功能模块充分满足平时进行创新创业教育所需要的汇集教学资源、反馈课程作业、整合项目信息以及开展课程评价等必要需求，并制定一系列措施鼓励教师参与创新创业的网络教学与项目指导，聘请优秀毕业生与社会上的知名企业家担任线上的创业导师，并定期召开关于创新创业的网络讲座，邀请社会上的年轻企业家来为学生分享经验，传递数字经济时代下的社会动向信息，为工商管理人才创新创业教育提供可靠的质量保证。借助完善而合理的教学平台建设，不仅可以有效提高学生对课下碎片时间的利用率，同时也能有效提高创新创业课程的教学质量，促进课程信息化建设与整个教学流程的全面融合，使创新创业教育能够满足工商管理人才学习与经济发展的需要，进而推动创业就业市场的健康持续发展。

（八）全面拓展课程评价模式与渠道

工商管理专业在对创新创业教育进行信息化改革过程中，还应当对课程评价所能起到的关键作用保持高度重视。通过完善而合理的课程评价，相关教学管理者可以实现对学生具体学习情况的充分掌握，进而以此为基础构建出更为健康、有序的课程教学模式。为此，高校创新创业教师可以从以下几个角度入手构建课程评价模式：

首先，提升评价指标的科学性与合理性。评价指标作为提升教育质效的关键，其设定的合理与否对创新创业课程评价的信息化建设具有重要作用。创新创业教师应积极发挥信息化技术的推广作用，根据创新创业教育的实际需求不断完善课程评价指标，丰富评价的方式与角度，确保能实现对课程开展及学生具体学习情况的综合评估，进而推动工商管理专业人才创新创业教育水平全面提升。

其次，就评价作出合理的奖惩。为了能让学生更加积极主动地参与创业项目实践，充分发挥各种信息技术对于创新创业教育的价值，使学生更好地适应数字经济发展所带来的社会变化，高校方面应制定完善合理的评价奖惩机制，以教学平台为依托对学生在创新创业实践中的表现以及所取得的项目成果进行科学评判，并根据具体的评判结果给予学生精神与物质的双重奖励，在提高学生创新创业积极性的同时，也能使他们更好地了解到数字经济时代工商管理的重点。

随着数字经济的不断发展，网络信息技术与各个行业的融合愈发紧密。因此，新时代的工商管理教学必然要与互联网相结合。与其等待受其影响，不如主动接受各种与数字经济有关的先进技术，并对其加以积极应用。工商管理人才创新创业教育改革与网络信息技术的有机结合，可以有效提升学生对于创业与创新的理解，从而进一步加快工商管理与互联网的融合，并使高校尽早发现融合中出现的问题，并及时进行有效解决，从而帮助学生更好地在数字经济时代发展。

第五章　数字经济时代高等教育的国际化发展

▶ 第一节　高等教育国际化的目标愿景与现实挑战

伴随着全球化趋势的持续演进与世界格局的重新建构,依托综合国力的强有力支撑,基于"人类命运共同体"理念的引领,我国在国际舞台上正扮演着愈发重要的角色。在政策目标与社会需求的持续更新下,高等教育作为推进中国式现代化的龙头,与社会经济发展的关联性逐渐增强,服务于国家战略规划的能力进一步提升。通过国际化道路激活发展潜能,逐渐成为未来高等教育发展的必然趋势和核心指向。

一、高等教育国际化的目标愿景

高等教育对外开放是我国高等教育现代化的鲜明特征和重要动力。首先,高等教育国际化具有充分的现实基础。现代高校在履行人才培养、科学研究、社会服务以及文化传承与创新的职能职责之时,亦能够成为在国际社会舞台中彰显国家"硬实力"和"软实力"的重要窗口。高等教育对外开放新高地的建设与国家战略需求息息相关,承载着国家在未来发展的重大使命要求。其次,高等教育国际化具有丰富的国际经验可资借鉴。各国的诸多革新举措及其成效证实了经济全球化背景下,国际化已然成为世界高等教育的主流改革趋势。最后,高等教育国际化具有充分的现实意义。高等教育国际化不仅能够通过刺激消费、促进人力资本流动正向促进国内经济增长,还能够推动技术创新赋能经济长期稳定的发展,其发展特征符合我国当今经济社会发展需求。为了立足于国家需求、服务于社会发展,我国高等教育需要保持更强的使命意识,明确国际化道路的根本遵循、核心旨向与结构属性,使国际化愿景落实为具体可行的目标任务。

（一）扎根中国大地，打造世界一流

在全球化浪潮的深刻影响下，文化软实力作为国家综合国力的重要组成部分，其影响力日益凸显，成为国际竞争中的关键变量。在此背景下，高等教育国际化的进程必须深深根植于中国大地，这不仅是对国际高等教育先进理念与实践经验的批判性吸收与本土化创新的体现，更是对中国特色高等教育发展道路的坚定选择。根植中国大地，意味着在国际化进程中要深刻理解和传承中华优秀传统文化，将其精髓融入教育教学的各个环节，培养出既具有国际视野又深谙中国文化底蕴的复合型人才。此过程，既是对全球高等教育发展规律的深刻把握，也是对高水平人才培养路径的积极探索。它要求高等教育机构在国际化进程中，既要借鉴国际先进的教育理念和管理模式，又要结合中国国情，创新教育模式，形成具有中国特色的高等教育体系。这不仅是对高等教育自身发展规律的尊重，更是对高校服务社会、贡献国家发展使命的深刻践行。

站在新的历史起点上，现代高校应进一步增强使命感和责任感，坚持中国特色社会主义教育发展道路，将扎根中国大地作为建设世界一流高校的基本前提和根本遵循。这不仅是对高校自身发展定位的清晰界定，更是对国家发展战略需求的积极响应。通过深化教育教学改革，加强师资队伍建设，优化学科专业结构，提升科研创新能力，高等教育机构将不断提升其国际化办学水平，为国家的现代化建设提供有力的人才支撑和智力保障。

同时，随着全球高等教育竞争的日益激烈，国际化办学水平已成为衡量高校综合实力和国际影响力的重要指标。因此，打造世界一流高校成为我国高等教育迈向国际化的核心目标和必由之路。这要求高等教育机构在国际化进程中，不仅要注重提升教育质量和科研水平，还要加强国际交流与合作，积极参与全球教育治理，提升中国高等教育的国际影响力和话语权，为构建人类命运共同体贡献中国智慧和力量。

（二）增强国际影响，实现人才集聚

在我国高等教育持续深化的征途中，初期的模仿与借鉴为体系现代化奠定了坚实的基础，然而，随着全球化进程的加速与国际竞争的日益激烈，高等教育必须超越简单的模式复制，转而追求在人才与科技领域的自主创新能力与独特贡献。当前，我国高等教育正承载着将中国高质量人才培养体系推向世界前沿的历史使命，这要求我们在国际舞台上展现更为鲜明的中国特色与原创精神，摆脱单纯对标既有国际化标准的局限，探索一条根植本土、融合文化精髓的独特发展路径，通过质量提升与模式创新，显著增强我国高等教育的国际吸引力和影响力。

成为国际留学生重要的目的地国家，不仅标志着我国高等教育在知识创新、文化传承及教育模式上的卓越成就获得了国际社会的广泛赞誉，更是我国高等教育国际化战略取得重大突破的标志。这一成就的背后，是高等教育体系对全球顶尖人才的强大吸引力和集聚能力，它促进了知识的跨国界流动与文化的深度交融，为构建人类命运共同体贡献了不可或缺的力量。

从高校功能演进的视角审视，现代高校作为知识创新的策源地、科学研究的先锋队、社会服务的践行者以及文化传承与创新的重要载体，其每一项职能的深化与拓展都离不开高水平人才的汇聚与培养。因此，高等教育国际化战略需聚焦于构建高效的人才吸引与培养机制，通过优化学术环境、提升教育质量、拓宽国际交流渠道等措施，吸引全球范围内的优秀人才汇聚于我国高等教育体系之中，形成具有国际竞争力的人才高地。

面对世界高等教育格局的深刻变革与调整，我国高校应把握历史机遇，以国家战略需求为导向，探索符合自身实际、彰显中国特色的人才培养模式。通过明确世界顶尖高校的发展目标，整合国内外优质资源，深化内涵式发展，强化特色品牌建设，实现高等教育质量的跨越式提升。同时，坚持走中国道路，不断拓宽国际视野，将中国高等教育的独特优势与世界先进理念相融合，推动高等教育国际化水平迈向新高度，为全球高等教育的发展贡献中国智慧与方案。

（三）立足需求转变，促进内外循环

高等教育的国际化进程需要置于开放包容的生态之中，与其所在的政治、经济、贸易格局同频共振、深度交融。尤其是在多方格局加速演化的背景下，国际大循环动能呈现明显减弱的趋势，过分倚重国际循环的外向型经济已难以适应我

国现阶段发展需求。在当今情势下，立足于国内需求，以"内循环"为主体促进"双循环"是适应我国新发展阶段、新发展环境、新发展条件的必然要求。新发展格局为教育高质量发展注入新动能的同时，也意味着我国高等教育应主动肩负起推动知识和科技创新、提高人才培养质量的使命担当，在"双循环"新发展格局中履行应肩负的时代使命。

从内外循环的结构属性出发，高等教育国际化需要聚焦于"内循环"中的堵点问题与"外循环"中的关键问题。

一方面，高等教育国际化有助于疏通"内循环"中的堵点问题。产业的市场在外、核心原材料在外的"两头在外"生产模式是抑制我国国内大循环发展活力的最严重的堵点问题，而高等教育是突破核心技术封锁、促进要素资源流动的关键枢纽。高等教育国际化要素资源主要包含人员、教学与科研、项目与平台、理念与文化等，而高校本身又深植于整个社会系统，与国家发展战略紧密契合，能够在与教育内外系统的功能耦合中实现对经济社会发展、高素质劳动力输出、科技自主创新的重要推动作用。因此，在跨文化体验与交流中提升高等教育国际化水平，促进国际化要素资源的多维协同联动，通过释放质量红利，能够有效畅通国内大循环的堵点。

另一方面，高等教育国际化有助于实现"外循环"发展格局。目前，高等教育呈现出高度开放融合的发展趋势，极为倚重国际优质教育资源的共享互补，从最为基本的留学生教育、最为激烈的国际人才竞争，到各种创新型跨国教育与科研合作，无一不需要各种国际化要素资源的支撑。在人才竞争逐渐激烈的当下，面对复杂多变的国际局势，高校需要进行更高水平、更高质量的高等教育对外开放，通过优势领域产生对外引导力，通过办学理念和声誉产生对外感召力，通过高校学术话语产生对外话语权影响力和高等教育国际议题设置能力，使高等教育积极回应国家和社会需求，在深度融入"双循环"新发展格局中推进国际化进程。

二、高等教育国际化进程中的现实挑战

在我国高等教育国际化日益深化的背景下，尽管已取得显著成就，但仍需直面一系列复杂而多维的现实挑战，这些挑战既源于外部环境的不确定性，也涉及

内部治理的精细化需求，更关联到发展要素的优化配置。

（一）外部环境挑战：逆全球化趋势下的国际合作壁垒

在全球化逆流的影响下，科技封锁与保护主义政策不仅阻碍了知识、技术与人才的自由流动，更对我国高等教育国际化构成了严峻挑战。面对这一外部环境，我国高等教育需采取更加积极主动的策略，如加强多边合作机制建设，推动构建开放包容的国际教育合作平台，以科技创新合作为突破口，促进高质量教育资源的跨国界共享。

（二）规范建设挑战：制度创新与治理能力现代化

高等教育国际化的深入发展，离不开科学完善的制度支撑与高效的管理体系。当前，我国高校在国际化制度规划与管理方面仍存在短板，亟须通过制度创新与管理模式升级来破解瓶颈。这要求高校在国际化战略制定上，既要立足国情，又要具有国际视野，构建符合自身特色的国际化发展路径。同时，加强制度执行力建设，确保各项国际化政策与措施落地见效。在管理层面，推动治理体系与治理能力现代化，利用大数据、人工智能等现代信息技术手段，提升管理效率与决策科学性，为国际化进程提供坚实的制度保障。

（三）发展要素挑战：优化资源配置，强化内源动力

高等教育国际化的核心在于提升高校的核心竞争力与全球影响力，这离不开优质师资与留学生群体的有力支撑。针对当前高校国际化要素赋能双循环水平不足的问题，需从多个维度入手：①加大国际化师资队伍建设力度，通过海外引才、联合培养、学术交流等方式，优化师资结构，提升教师国际化素养；②深化留学教育改革，提高来华留学教育质量，吸引更多高层次、多元化国际学生来华学习，同时加强国际学生管理服务体系建设，提升留学教育整体满意度；③注重构建国际化课程体系与教学模式，促进中外教育理念的深度融合，为培养具有国际竞争力的高素质人才奠定坚实基础。通过这些措施，有效提升高校国际化发展的内源性动力，推动我国高等教育国际化向更高水平迈进。

▶ 第二节　数字技术赋能高等教育在地国际化的新思考

现代教育的发展历程证明，科技革命对教育的发展具有深刻的影响，以智能技术为核心的新一轮科技变革已经渗透至教育的各个领域。数字技术的快速发展为高等教育国际化提供了新途径，尤其在新兴的在地国际化模式中，数字技术显示出巨大潜力。

一、数字技术为高等教育在地国际化提供契机

传统高等教育国际化模式面临诸多困境，在地国际化的兴起为高等教育国际化提供了新的发展方式，而且，数字技术的快速发展为高等教育在地国际化提供了新契机。

（一）高等教育在地国际化的兴起

高校本身即国际化的产物，高等教育天然具有国际化的特征。进入20世纪，高等教育国际化逐步受到关注，培养具有国际视野、拥有国际跨文化能力、能够参与国际事务活动的国际化人才成为高等教育必须面对的重要议题之一。长期以来，跨境流动都是实现高等教育国际化的主要途径，但过度依赖人员跨境流动的国际化教育模式面临多项挑战，主要体现在以下几个方面：

第一，高等教育国际化受众范围小。传统强调跨境流动的高等教育海外国际化，不能为无法进行跨境流动的学生提供接受国际化教育的机会。由于跨境流动需要高昂的经济成本，仅能满足有条件和能力实现跨境流动的学生，难以提升全体学生的国际化水平。

第二，实质性跨文化互动较少，难以达到理想的国际化教育效果。由于生活方式和语言的限制，许多留学生主要与本国人员互动，其与国外学生的交流沟通极少，留学生与本土学生未形成真正的跨文化沟通，最终也失去了跨境流动的意义。

自"在地国际化"理念提出以来，高等教育在地国际化的理念及实践在全球被普遍接受。在地国际化是与传统注重跨境流动的海外国际化相对应的，前者主要关注学生无需离开本土而接受国际化教育，后者则强调学生通过跨境流动接受国际化教育。高校在地国际化主要是指高校利用国际化教育资源，如国际化的教师、学生、课程、教材、会议等，为全体学生提供在本土接触跨文化与国际性事务的机会，提升学生的国际理解力和跨文化能力。

（二）数字技术驱动高等教育在地国际化的发展

以互联网、大数据、虚拟现实等为代表的数字技术的出现，对人类生产生活产生了重大影响，基于数字技术创建的数字化空间改变了信息传播和人际交往的方式。依托数字技术创建的数字化空间可以增强不同国家或地区的高校和个人之间的互动，对高等教育国际化也产生了影响。近年来，数字技术在教育中的应用步伐加快，网络在线教育的迅猛发展彰显了数字技术在教育领域应用的可行性和重要性。数字技术在支撑在地国际化方面的作用也开始显现，尤其是信息与通信技术的发展，为在地国际化的实施提供了新路径。虽然数字技术在推动高等教育在地国际化中表现出极大的便利性，但是当前国内在地国际化的开展过程中仍存在诸多问题，有必要加强对数字技术在高等教育在地国际化中应用的探讨。

借助数字技术，学生可以实现"虚拟跨境"，即利用信息和通信技术实现跨境互动，学生可以与来自世界各地、拥有不同文化背景的人员进行对话交流，建立密切的跨文化交互关系。基于数字技术，创建国际化数字空间及平台，将来自世界各地的学生聚集在一起，展开国际化交流与学习，最终基于数字技术助力其全球化能力的成长，使其获得高质量的国际化教育。数字技术在教育领域的应用最初主要集中在外语教育和商业教育，随后逐渐扩展到其他学科教育。伴随着数字技术在教育领域应用范围的拓展，高等教育领域开始关注利用数字技术培养学生的跨文化能力和全球意识，为高等教育在地国际化的实施提供了新机遇。

在数字技术的驱动下，在地国际化将数字技术的优势和高等教育国际化的需求进行整合，为学生提供了独特的高等教育在地国际化体验。得益于信息和通信技术的快速发展，基于数字技术提供的便利条件，高等教育所具有包容性的在线跨国学习数字空间被创建，为世界各个角落的学生提供国际化体验。伴随数字技术的日益成熟及普及，依靠数字技术开展在地国际化逐渐成为实施高等教育国际化的重要途径，提升学生在跨文化认知、语言技能、数字能力等方面的水平，为其在未来国际环境中工作和学习做更充分的准备。

二、数字技术赋能高等教育在地国际化的价值

数字技术在高等教育在地国际化中的应用，可以拓展高等教育国际化的实施范围，最终实现在本土培养国际化人才的目标。

（一）以数字技术驱动高等教育在地国际化

数字技术驱动在地国际化的根本目的在于促进学生之间开展跨境学习和交流，为他们创造与来自不同文化背景的学生进行学习和交流的机会。

第一，数字技术为在地国际化提供了一种创新方法，即通过数字技术推动不同文化背景的人员之间展开文化交流，为其提供技术基础。通过计算机设备、网络技术、通信软件等构建在线沟通系统，利用数字技术的实时交互、虚拟现实、即时反馈等功能，使学生能够即时表达观点并与来自不同文化背景的人进行互动合作。这种互动沟通方式突破了时空限制，为跨文化的学生提供了技术便利，促进了彼此之间的交流协作。

第二，数字技术为在地国际化提供了多样化的技术交流平台，使学生能够进行跨文化交流。微软旗下的即时通讯软件（Skype）、云视频会议软件（Zoom）等主流数字通讯工具为全球各地的学生提供了必要的技术支持，通过数字技术提供的空间和平台，学生之间的社交距离得以缩小，促进了不同文化背景的学生之间的交流。如通过参与在线视频会议，学生可以在实时交流的环境中与具有其他文化背景的成员互动，展现各自的不同文化，并基于自身的价值观进行面对面的对话，从而对某些事件提出个人意见。

未来，在地国际化的研究与实践应致力于深入探索如何充分利用数字技术，以促进在地国际化参与者之间建立更为密切的互动关系。

（二） 以数字技术扩大国际化资源覆盖范围

数字技术的发展及其在教育中的应用，可以推动公平优质教育的发展，就在地国际化而言，数字技术可以扩大高等教育国际化资源的覆盖范围，提供更为公平且优质的国际化教育。在全球范围内，高等教育国际化存在着不公平的机会差距。传统的海外国际化模式注重人员的物理流动，但其高昂的经济和时间成本使得学生的覆盖面相对有限，大多数学生无法享受跨文化和国际化教育资源的机会。数字技术的发展和普及，为不同国家和地区的人们提供了便捷的交流渠道，使得国际化教育资源的受众范围大幅扩展。这一趋势不仅使国际化教育不再局限于少数群体，也保障了大多数学生享受国际化教育的权利。

在数字化技术的赋能下，教育领域正经历着一场前所未有的变革，为学生搭建了跨越地理界限、触及全球优质教育资源的桥梁。这种基于数字化的教育模式，不仅深刻重构了学习生态，还极大地拓宽了跨文化学习的维度与深度，实现了教育资源的全球化共享与个性化配置。具体而言，其影响可细化为以下学术化层面：

1. 在线学习平台为学生提供国际化课程

在线学习平台作为数字时代教育的核心载体，为学生提供了前所未有的国际化课程接入途径。这些平台通过集成全球顶尖高校的课程资源，使学生能够跨越地域限制，自主选择并参与来自世界各地的先进课程。在此过程中，学生不仅能够接触到前沿的学术知识，还能通过平台内置的协作工具，与全球范围内的师生建立起紧密的学习伙伴关系，共同参与项目研究、讨论与反馈，从而在协作学习中深化对知识的理解和应用，培养国际视野和团队协作能力。

2. 视频会议技术促进远程学术交流

视频会议技术的广泛应用，进一步打破了物理空间的局限，使学生能够身临其境地参与到远程讲座、研讨会和学术会议之中。这些高规格、国际化的学术交流活动，为学生提供了直接与领域内顶尖学者对话的机会，促进了学术思想的碰撞与融合。同时，学生还能通过互动环节提问、分享见解，有效提升了自身的学术素养和国际交流能力。此外，这种远程参与模式也为学生构建了更为广泛的人脉网络，为其未来的学术研究和职业发展奠定了坚实基础。

3. 教育应用程序与在线资源库赋能的文化体验与学习资料丰富化

随着教育应用程序和在线资源库的日益丰富，学生获取学习资料和文化体验的途径变得更加多元和便捷。这些资源不仅涵盖了学科知识、技能训练的各个方面，还融入了丰富的文化元素和跨文化比较视角。学生可以通过这些资源，深入了解不同国家的历史、文化、社会习俗等，从而增进对不同文化背景下思维方式、价值观念的理解与尊重。这种沉浸式的文化体验，有助于学生培养跨文化意识和全球公民素养，为其在未来的国际社会中更好地发挥作用奠定基础。

4. 个性化学习路径的塑造与国际化能力培养的强化

数字技术的引入，使得高等教育在地国际化得以更加灵活和个性化地实施。学生可以根据自己的学习节奏、兴趣偏好以及职业规划，灵活选择学习内容和方式。这种以学生为中心的学习模式，不仅提高了学习的积极性和有效性，还促进了学生自主学习能力和创新思维的培养。同时，通过数字化的学习记录与分析工具，学校能够更准确地评估学生的国际化能力发展状况，从而提供更具针对性的指导和支持，帮助学生更好地适应全球化时代的挑战与机遇。

（三）价值赋能：以数字技术推动实质性跨文化互动

价值意味着被指称的一些事物是能充分满足我们需要的客体。就高等教育在地国际化而言，数字技术能够真正满足在地国际化的需要，通过数字技术提供的便利手段，推动学生之间开展实质性的跨文化互动，达到提升学生国际化能力的目标，进而实现数字技术对在地国际化的价值赋能。互动是产生体验的前提，体验是开展互动的目的，本土学生与国际学生的互动过程是一个"期许—面对—适应"的体验过程，学生在这一过程中体验与感知差异。由于语言和心理障碍以及文化习俗的不同，留学生和本土学生虽然共享物理空间，但不一定会产生有意义的互动，这种形式的在地国际化并不能达到理想效果。

利用数字技术搭建的国际化情境可以为学生提供真正跨文化互动和体验的机会，提高他们的国际理解能力。这种学习方式为培养适应全球化社会的国际化人才提供了有效的途径，并在促进全球教育和文化交流方面发挥着重要作用。由于在线课程限制了有意义的学生互动的机会，单纯的国际化在线课程很难保证国际化教育的质量，学生也难以获得国际化教育体验。因此，只有通过促进不同国家和地区学生之间的互动和交流，才能真正使学生获得国际化体验和跨文化能力，最终达成高等教育在地国际化的实施目标。

第一，数字技术在赋能高等教育在地国际化的过程中，将推动来自不同文化背景的学生之间的实质互动作为主要任务，为学生提供可以互动的数字化空间，并设计各种有意义的文化交流项目，如跨文化合作研究、虚拟文化交流活动等，以推动学生之间的知识交流与文化碰撞。例如，在线促进对话、跨国交流项目、辩论培训、交互式开放在线课程等多种活动，通过协调员、发起人、参与者的积极参与，围绕设定的主题，各方开展深度的交流和协作，最终催生高质量的互动过程。

第二，基于数字技术赋能的在地国际化关注学生国际化体验的获得。学习不只是单纯地接受知识的过程，更多的是个体在情境中的理解和体验。所以，在地国际化开展过程中，学生需要的不只是获得国际化知识，更是要将这些知识应用到行动中，通过互动过程获得相关的国际化体验。学生需面对复杂的现实问题，运用所学知识解决预设的问题，在与具有不同文化背景的学习同伴合作过程中理解文化差异，通过反思和内化形成跨文化意识，获得国际化体验，实现高等教育在地国际化的目标。在学习和理解跨文化知识后，学生将跨文化知识应用在自己所处的情境之中，并体验不同文化之间的差异和冲突，从而塑造学生理解和尊重不同文化、与不同文化背景的群体进行有效交流合作的全球化能力。

三、推进数字技术赋能高等教育在地国际化的策略

（一）加强基础设施建设，满足在地国际化的技术要求

数字技术赋能在地国际化的本质是，利用数字技术为学生提供培养全球视野和跨文化交流的机会，数字技术赋能在地国际化对学校的数字技术基础设施提出了更高的要求。在搭建在地国际化的数字空间过程中，如果数字技术的稳定性不能保证，会影响学生跨文化学习的体验，如若视频会议中画面质量不佳，就很难

实现畅通对话，制约在地国际化参与者的学习效果。

为保障数字技术赋能在地国际化顺利开展，学校需要加强自身的数字技术基础设施建设。如接入高速稳定的宽带互联网，支持教师和学生在全球范围内的在线交流、远程合作和跨文化学习；建立和维护一个可靠的虚拟学习环境，包括在线学习平台、内容管理系统和协作工具，以便教师和学生可以共享国际化教育资源、开展在线国际课程和项目；提供计算机、平板电脑、交互式电子白板和投影仪等先进的多媒体设备，以支持在地国际化发展。

（二）提升师生数字素养，保障在地国际化顺利开展

数字技术赋能在地国际化需要师生的积极参与，这就要求师生具有一定的数字素养和能力，但当前高校师生在数字素养和能力方面还亟待提升。如一些师生对数字技术的知识和应用了解较少，对电脑操作、软件使用和网络工具不够熟悉，不了解如何有效地利用数字技术进行跨文化互动；学生之间的技术水平存在差异，部分学生已经具备较高的数字技术能力，能够熟练地使用各种应用程序和在线工具，而其他学生可能需要额外的支持和培训才能提升数字技术水平；师生缺乏数字技术培训和持续发展的机会，学校没有开设专门的培训课程，未提供相应的支持和指导，这将导致教师和学生在数字素养和能力方面的提升受到限制。

对此，学校需要采取一系列对策来提升师生的数字素养和能力。提供基础的数字技术培训课程，针对教师和学生的不同需求和水平提供定制化的培训方案，投入充足的资源，包括设备、软件和技术支持人员，以确保教师和学生能够顺利应用数字技术开展教学和学习。此外，建立长期的师生数字素养和能力提升计划，并提供持续的培训和发展机会，以保持师生的数字能力与时俱进。借助上述措施，克服师生在数字素养和能力提升过程中遇到的难题，促进他们在数字化学习环境中的有效参与和成长。

（三）保护师生数据隐私，构建安全的在地国际化数字环境

保护师生数据安全及隐私在数字化学习环境中的重要性不言而喻，基于数字技术开展在地国际化也会面临数据安全及隐私泄露风险，如师生的个人信息和数

据可能会被存储和传输，存在数据泄露和滥用的风险，包括未经授权的访问、数据被盗或滥用；在开展在地国际化的过程中，学校可能与第三方合作伙伴共享学生和教师的数据，例如在线学习平台、教育应用程序等，这也加剧了数据泄露和滥用的风险。

因此，为了保障师生的数据安全及隐私安全，在数字化学习环境中，学校需要采取一系列措施，包括制定数据安全政策、加强技术措施、审查第三方合作伙伴的安全性、培养师生数字安全意识及建立数据备份和恢复机制，最大限度地降低数据泄露和滥用的风险，确保在地国际化数字环境的安全性和可信度。

▶ 第三节　数字时代高等教育国际化的空间建构与风险治理

一、高等教育国际化的空间理论

在 20 世纪"空间转向"浪潮的作用下，以法国哲学家亨利·列斐伏尔为代表的社会学家们对社会空间的理论内涵及实践运用进行了深刻探讨。

（一）列斐伏尔的社会空间理论

列斐伏尔将空间想象为一种独立存在的、自在的物理现实，他用"空间的生产"一词将空间与社会生产联系在一起。列斐伏尔的空间生产理论延续了马克思主义经典理论对资本主义生产方式的否定和批判。其提出的空间三元辩证法突破了传统的"二元论"，列斐伏尔将空间划分为空间实践、空间表征和表述空间三个维度，分别对应感知的空间、构想的空间和亲历的空间。

空间实践指向生产和再生产，以及每一种社会形态的特殊位置与空间特征集合，具体指客观存在的社会空间的物理形态，但其并非简单意义上的地理符号或地理位置，而是容纳了社会生产与社会关系的空间概念。空间表征通过把各种要素结合而形成一个"整体"，即与假定的知识生产相关联的思想活动，从不同角度看待空间会出现不同的空间表征。表述空间是对空间的直接体验，强调以符号来象征一个空间，同时也是空间实践和空间表征的结合，表述空间既可以是具体环境，也可以指向想象空间或虚构空间。

（二）社会空间理论视角下高等教育国际化的空间

在列斐伏尔的空间三元辩证法框架下，空间不再是一个静态的物理存在或抽象概念，而是融合了物质性、关系性与象征性于一体的复杂构体。将这一深刻见解应用于高等教育国际化的研究，能够揭示出该领域所蕴含的多层次、多维度空间特性，具体可细化为空间实践、空间表征与表述空间三个紧密交织的层面。

1. 高等教育国际化的空间实践：从宏观布局到微观体验

高等教育国际化的空间实践，作为其实质性的物质与社会活动之总和，既涵盖宏观层面的国家策略与政策环境，也深入到微观层面的校园环境与教学空间布局。

从宏观视角审视，政府通过制定国际化战略规划、优化教育资源全球配置、促进国际学生与教师流动的政策措施，直接塑造着高等教育国际化的宏观空间格局。这些政策不仅引导了高等教育机构的国际化发展方向，还促进了跨国教育合作与交流的深化。

微观层面，高校则通过建设国际化的教学设施、科研平台及学习社区，如国际交流中心、多语种图书馆、跨文化学习实验室等，直接构建了高等教育国际化的微观空间环境。在这一过程中，物理空间成为国际化教育活动的载体，而师生间的互动、跨文化交流则成为连接这些空间的动态纽带，共同推动着高等教育国际化实践的深入发展。

2. 高等教育国际化的空间表征：意识形态与认知结构的重塑

空间表征作为社会空间理论中的关键维度，反映了高等教育国际化进程中的意识形态、价值观念及文化认知。随着数字技术的迅猛发展，高等教育国际化的空间表征正经历着前所未有的变革。数字平台、虚拟社区及在线教育等新兴媒介的广泛应用，不仅改变了知识的传播方式与获取途径，还深刻影响着师生对于高等教育国际化的理解与认同。这种技术革新促使高等教育国际化的内部空间发生新旧生产关系的转换，传统的教学模式、学习体验乃至学术评价体系都面临挑战与重构。同时，全球化背景下的文化多样性、价值冲突与融合，也进一步丰富了高等教育国际化空间表征的内涵，促进了跨文化理解与尊重的深化。

3. 高等教育国际化的表述空间：感知与体验的双重奏

表述空间作为高等教育国际化空间实践与空间表征的交汇点，是一个集感知、体验与意义建构于一体的动态场域。它不仅映射了高等教育国际化的实际运作情况，还体现了师生对于这一进程的主观感受与情感投入。在这一空间中，教师与学生通过参与国际课程、跨文化交流项目、国际学术会议等活动，不断积累国际化学习的经验与感悟，形成对高等教育国际化的独特认知与情感依恋。同时，学校通过营造国际化的校园文化氛围、举办多样化的国际交流活动等方式，进一步强化了表述空间的体验性与互动性，使师生在潜移默化中深化了对高等教育国际化的理解与认同。表述空间因此成为连接高等教育国际化理论与实践、客观与主观的桥梁，为高等教育国际化的深入发展提供了丰富的精神资源与文化动力。

二、数字时代高等教育国际化的空间建构

基于列斐伏尔的社会空间理论，可将数字时代高等教育国际化的空间建构分为高等教育国际化的物理空间、高等教育国际化的精神空间和高等教育国际化的生活空间。不同空间之间并非泾渭分明、界限清晰，恰恰相反，三类空间相互交织，互相依存，形成了动态建构的高等教育国际化空间格局。

（一）高等教育国际化的物理空间

数字时代高等教育国际化的物理空间承载着高等教育国际化教学的空间实体，对应着社会空间理论中的空间实践，指向泛在智能的教育环境和学习空间，包括以数字化技术为辅助的、与高等教育国际化相关的教学设施、教学手段、教室、实验室等可感知的具有物理空间属性的客观存在。

高校作为高等教育国际化的实施主体，主要通过健全智能敏感的环境设施、完善共建共享的资源体系以及设置跨界融合的学习场景以更新并重构高等教育国

际化的物理空间。

首先，高校通过建立万物互联、虚实结合的高等教育基础设施体系，构建全面感知、泛在链接、深度交互的国际化合作网络，不断加强数字校园、数字教学场所的建设，落实部署国际化教学的智能学习终端，满足国际学生的多样化教学和个性化学习需要。

其次，高校依托互联互通、协同一体的国际合作平台，实现高等教育人员流动的信息对称和资源平台共享，健全国际化动态更新、资源开发机制，以多类型、体系化、高质量的国际化教育资源助力高等教育国际化物理空间的社会生产。

最后，高校利用校内教育场景、网络学习场景与社会实践场景的有机结合，形成虚实相生、国内外贯通衔接的良好教育生态，搭建数字学位认证体系，实现各类学习成果的广泛互认和自由转换，支持留学生开展随时随地、贯穿终身的学习。

（二）高等教育国际化的精神空间

数字时代高等教育国际化的精神空间指向社会空间理论中的空间表征，体现为个体在国际化空间数字化转型之后的沉浸。互联网、区块链、增强现实（AR）、虚拟现实（VR）、元宇宙人工智能等数字技术重构了以人员流动为主的传统高等教育国际化模式，引入了以智慧云端、开放式学习平台为代表的高等教育国际化新方式，在改造了高等教育国际化物理空间的同时，也冲击了个体对高等教育国际化的认知和体会，塑造了新的高等教育国际化精神空间。

作为高等教育国际化的主体，人是空间的灵魂所在。尽管从表面上看，是技术手段赋能高等教育国际化，进而丰富了高等教育国际化主体的精神空间，但从某种意义上讲，只有人才能激励和促进高等教育国际化精神空间的发展和走向，给予其更多可能性和未来。因此，数字时代高等教育国际化精神空间的构建重点在于培养国际化进程中人的主观能动性、自主学习能力与跨文化交流能力，数字技术只是辅助性手段，促进国际化视野下师生之间、生生之间以及人与机器间的和谐共生与交互融通，培育个人的"主体自觉"才是高等教育国际化精神空间建设的重点内容。

(三) 高等教育国际化的生活空间

高等教育国际化的生活空间直接连接起高等教育国际化的物理空间与精神空间，是数字时代个体获得高等教育国际化经历，获取高等教育国际化体验的现实来源，同时也是个体转变对高等教育国际化的认识观念，解构又重构高等教育国际化理论的重要场域。但生活空间并非物理空间与精神空间的简单叠加，而是蕴含了对两者的融合和超越。换言之，从物理空间到精神空间再到生活空间，是高等教育国际化"具身"再"离身"最后"再具身"的过程，其目的是在改变人们对传统的、只重视要素流动的物理国际化的认知，引入数字赋能背景下的虚拟国际化新模式，进而将虚拟国际化与物理国际化相结合，消弭物理与精神、现实与虚拟的二元对立，创造出适合数字时代的高等教育国际化新体系。新的国际化社会空间孕育了国际化的"虚拟空间"，作为对国际化物理空间的一种解构，虚拟空间将高等教育国际化空间从物理实体层面转向了以表征、意义为主的"超空间"建构。

高等教育国际化的虚拟空间将符号图像作为基本单位，借助网络资源的开发，使得过往在特定时空才能开展的高等教育国际化实践与活动，得以摆脱时空的限制而在虚拟空间内自由地、富有个性地开展。

三、数字时代高等教育国际化的空间风险与治理

(一) "人"的主体性风险与治理

学生是高等教育国际化空间中最重要的主体，无论数字化工具介入高等教育国际化到了何种地步，这一点都不应该改变。但是在数字化与国际化不断结合的过程中，学生参与高等教育国际化的主观能动性正在由于过多地使用人工智能或数字化工具而被削弱。学生的自我思考和自我建构的时间逐渐缩短，更多的国际化学习决策由人工智能做出，这可能会剥夺学生培养开放包容、全球思考、批判创新等态度，以及提升自我效能、自我调节、多元认知、独立思考等能力的机会，而这

些态度与能力正是全面培养的关键，也是高等教育国际化育人的重要使命。

尽管数字技术不具有主观意识，但是在数字时代高等教育国际化的物理空间中，随着学生对人工智能和数字化工具依赖程度的加深，教师和学生的部分权力会在不知不觉中让渡给算法，国际化空间中人的自主性和对数字技术的最终掌控权将遭到侵蚀。

对教师来说，若长期依赖于、求助于大数据对国际化教育场景的分析，则将丧失对高等教育国际化知识构建、教学设计的主动权，从而失去不可替代性，教育也将不再具有"以人为本"的初心。对学生来说，过于依赖数据的指导、完全根据国际化数据修正自我，缺少反思和自省，则会成为人工智能的工具，逐渐脱离高等教育国际化的"主体"身份，沦为"类人"的教育对象。

为此，教师在进行高等教育国际化教育教学的过程中，应始终坚守教育的本质是育人，充分凸显"人"在国际合作与交流中的主体地位，成为学生培养国际化素养进程中的引导者、对话者与合作者，将数字技术作为丰富国际化教学资源的工具而非唯一参照，以身作则，为学生树立起独立思考、自主学习的良好典范。学生则应时刻警惕数字技术在高等教育国际化学习过程中对人的主体性的侵蚀，不断培养自身的批判性思维、创造性思维、开放性思维、国际化思维和社会情感能力，成为人工智能永远无法替代的"人"。

（二）学生与真实世界的隔绝风险与治理

在高等教育国际化的精神空间中，一切与主题不相关的信息都被隐藏、被遮蔽，数字技术不再满足于成为知识获取的媒介，而是作为一种目的本身被凸显，为学生编织出紧密的"国际化网格空间"，与真实世界隔绝。在这样的"网格空间"内，真实生活中的物理障碍和距离关系被消解，时空被压缩，时间流逝的速度不断加快，空间趋于扁平。对大部分学生来说，费时费力的物理流动和文化体验不如直接通过数字技术获取国际化知识和经验，在精神空间中进行的高等教育国际化学习往往比现实世界更加轻松、丰富和高效。借助人工智能或线上平台解决国际化问题还能直接消除师生、生生面对面交流带来的人际交往压力。

但是，对于社会关系网络建构而言，长期以虚拟形式进行高等教育国际化行动将弱化人的文化感知能力、信息获取能力和沟通交流能力，使学生逐渐远离高等教育国际化的真实世界，国际化教学的多样性扭曲为技术使用的单一模式，教师与学生的国际化素养将逐渐弱化，师生关系趋于冷淡和疏离，以高等教育国际化培养学生文化敏感性和包容性的目标将永远无法达成。

高等教育国际化是一个容纳国际化、跨文化、全球化维度的过程性概念，需要学生持续地、在场地参与到不同的文化场域中。以"搜索"的形式代替具身的国际化体验固然便捷、减负，但在消除了空间流动繁琐性的同时也阻碍了学生获取真实的高等教育国际化经验和技能，甚至会逐渐蚕食人们参与真实世界的热情，在学生与现实生活中筑起一道难以逾越的铜墙铁壁。

高等教育国际化作为培养人的活动，尤其要注意人与真实世界的联系，促进人的理性与情感和谐发展。因此，在高等教育国际化的教育内容方面，要不断加强文化感知与社会情感的学习，引导学生更好地调节自身社会性发展。在教育方法上，教师应增强教育过程中来自不同国家、地区学生之间的互动交流，促进学生在真实世界中的情感发展，创设国际化对话情境，以头脑风暴、角色扮演、讨论分享等多种形式增强师生和生生间的互动。在教育目标上，应着眼于学生在国际化活动中的全面发展与健康成长，让学生充分体会到现实世界的美好与丰富，既能在精神空间中获取高等教育国际化的知识与信息，又能在物理空间中收获高等教育国际化的具身体验，最终在生活空间中将高等教育国际化的知识和经验内化为自身的国际化素养和包容性视野。

（三）高等教育国际化空间的异化风险与治理

对数字技术的过分推崇，使得高等教育国际化物理空间向虚拟空间转向的趋势愈发明显，空间转向过程中发生了明显的异化现象：空间在场，师生却"散场"了。对高等教育国际化空间建构来说，虚拟空间绝非唯一维度，不仅由于教育技术的发展尚未达到完全的智能化水平，更是因为高等教育国际化的本质在于人与人、文化与文化之间的交流融通，虚拟空间无法替代物理空间之于高等教育国际化的重要作用。

高等教育国际化空间的异化还体现在数据孤岛和数字鸿沟的出现。在数据利用方面，不同的高等教育国际化系统、平台之间未开放数据连接和共享，也未形成统一的数据标准，以至于高等教育国际化的虚拟空间中出现众多数据孤岛。数据孤岛制约了高等教育国际化大数据在一线运用中的推广，进而影响国际化数据分析模型的科学性和准确性。此外，数字鸿沟也是当前高等教育国际化空间中难以弥合的裂缝，随着信息技术的不断发展，数字鸿沟已经从"有无"信息技术与工具转变为由技术与工具使用差异而导致的鸿沟。高等教育国际化数字鸿沟产生的原因不仅仅是经济水平的差距，还有社会文化因素的作用。如果只是利用数字技术进行简单的国际化信息呈现、浅层的问题解决甚至交流娱乐，高等教育国际化空间中的"新数字鸿沟"则会不断加深，并直接影响高等教育国际化的质量和效率。

面对高等教育国际化空间的异化，应秉持理性的态度看待其中技术发挥的作用，既不能高估教育技术对国际化的影响——虚拟流动和虚拟空间只是高等教育国际化及其空间的重要补充，不可能替代高等教育国际化的物理流动和物理空间；也不要低看教育技术之于国际化发展的巨大潜力——数字化与国际化的结合将在很大程度上促进国际化资源共享、推动高等教育国际化公平、丰富国际化的交流形式。还应致力于国际化合作平台的构建，打破数据孤岛，形成统一的国际化衔接体系和数据标准，实现数据在各国、各地区、各高校间的贯通融合、互联协作。在弥合数字鸿沟方面，应在保证高等教育国际化起点公平，缩小"物理鸿沟"的同时，注重高等教育国际化的过程公平，缩小"使用鸿沟"，重塑高等教育国际化空间，构建高等教育国际化新生态。

▶ 第四节　数字时代高等教育国际化的新路向——虚拟国际化

一、虚拟国际化的维度与特征

（一）虚拟国际化的维度

虚拟国际化是在数字全球化时代，尤其是在全球高等教育数字化转型的背景下,高等教育借助信息技术,特别是新兴数字技术来推动人员、项目、课程等进行跨越国家边界,超越时间和空间的国际交流,并在国际交流过程中被赋予全球性、跨文化性、国际性等重要维度。虚拟国际化可以划分为以下三个维度:

第一,全球性维度。在线学习的形式有助于高等教育课程直接到达全球市场,在更广泛的语境下进行教学和学习,培养学生全球公民的意识,促进全球理解,从而使学生以地球村居民的身份为全球知识社会做出贡献。从这个层面上说,虚拟国际化是对传统高等教育国际化意义的超越,它不仅意味着招收来自世界各地的学生,还意味着在校园和在线远程教育的家庭课程中引入全球化的思想和理念。

第二,跨文化维度。由于缺乏视觉交互和及时反馈,在线学习模式可以消弭一部分由于种族、语言等因素带来的文化差异,在异步交流的过程中,帮助学生从多元文化课程中受益,培养跨文化能力。

第三,国际性维度。与全球性维度超越国家直接在全球范围内考虑问题的视角不同,虚拟国际化的国际性维度关注的是虚拟跨境教育供给。国际虚拟课程为国际学生提供了灵活、通用、包容的在线学习机会,促进了线下线上相结合的混合交付模式的发展。

(二)虚拟国际化的特征

传统的高等教育国际化具有主体多元化、交流内容全面化与合作模式多样化等特征。虚拟国际化在继承传统高等教育国际化基本特征的基础上,还发展出其独特的路径和特殊的目标与方式。

1. 超越传统国际化的跨境物理流动

学生、教师、项目与学校的跨境物理流动是传统高等教育国际化的重要环节。国际化的人员与项目交流非常关键,但不断变化的全球形势以及科学技术的发展对传统国际化的跨境物理流动产生了冲击。远程在线课程作为虚拟国际化的重要形式,被全球高校广泛地使用。与此同时,新兴信息通信技术的发展使远程在线课程提供成为可能,一种超越传统国际化人员跨境物理流动的虚拟国际化形式获得了蓬勃发展。

2. 丰富数字时代高等教育国际化的结构要素

21世纪是数字化的时代，云计算、5G、人工智能、元宇宙等数字技术的产生与应用昭示着数字全球化的到来。数字全球化是指数字技术、数字媒介和数字公司驱动下的信息和数据流动，经济关系和生产方式的数字化整合，社会关系和生活方式的数字化联通，以及思想和文化观念的全球传播和重构。高等教育是推动社会发展和文明进步的决定性力量，对于创新数字化产品、引领数字化行业、激发全球范围内的数字化意识至关重要，促使高等教育融入数字全球化进程势在必行，虚拟国际化成为数字全球化背景下高等教育发展的必然要求与长远目标。作为高等教育研究的重要领域，虚拟国际化应主动适应数字时代的发展要求，充分运用新兴数字技术，以丰富高等教育国际化结构要素为主要目标，对传统高等教育国际化进行有效的补充与建构。

3. 打造超越时间和空间的教育环境

虚拟国际化借助网络信息技术等媒介，打破了传统的线下教学模式，提供了超越时间和空间的教育环境，重塑教学方式与师生关系，以开放性的技术平台将高等教育与数字化技术融合衔接。全球化的深入、数字技术媒介的变革使不同国家与地区、个体之间建立起紧密且打破时空局限的自然联结，全球高等教育国际化趋势进一步加强，虚拟国际化成为高等教育适应并引领时代发展的必然选择。"虚拟国际化"作为当代高等教育数字化转型背景下高等教育国际化发展的集成性术语，反映了数字化时代高等教育国际化发展的新兴样态。

二、推进高等教育虚拟国际化的动因

虚拟国际化的动因是驱动政府、社会组织、高校、个人及其他参与高等教育的主体投身虚拟国际化的要素。在我国的社会背景下，对虚拟国际化动因的分析主要包括必然性与可能性两方面。

（一）虚拟国际化是高等教育数字化转型的必然要求

一方面，虚拟国际化通过构建无国界的学习网络，打破了传统教育在地域、时间上的限制，使得学生能够跨越物理界限，便捷地接入全球优质教育资源，从而在多元文化的浸润下，深化对全球议题的理解，拓宽国际视野，提升跨文化沟通与合作能力。这种基于网络的全球学习共同体，不仅丰富了学生的学习体验，也为培养具有国际竞争力的高素质人才奠定了坚实基础。

另一方面，虚拟国际化还促进了国际高等教育的深度合作与互鉴。通过在线合作项目、跨国学术论坛、虚拟实验室等多种形式，不同国家和地区的高等教育机构得以在数字平台上实现知识共享、科研合作乃至文化交流，有效推动了全球教育资源的优化配置与高效利用。这种基于共同愿景的国际合作，不仅加深了各国教育体系的相互理解和尊重，也为构建人类命运共同体贡献了教育智慧与力量。

（二）虚拟国际化是对外开放背景下高等教育国际化的创新探索

在全球化日益加深的今天，对外开放已成为国家发展战略的重要组成部分，而教育领域的对外开放则是推动教育现代化、提升国家软实力的关键环节。面对国家高水平对外开放的新要求，高等教育作为知识创新与文化传播的重要阵地，其国际化进程更是被赋予了前所未有的历史使命与战略高度。在这一背景下，虚拟国际化作为一种新兴的高等教育国际化模式，正逐步成为提升对外开放水平、推动高等教育深入国际交流与合作的重要创新探索。

虚拟国际化的兴起，是对传统高等教育国际化模式的一次深刻变革与超越。传统的高等教育国际化，往往依赖于学生、教师的国际流动，以及跨境教育项目的实施，这些方式在促进文化交流与知识共享方面发挥了重要作用，但同时也受到地理、时间、经济成本等多重因素的制约。而虚拟国际化，则通过信息技术的力量，打破了这些物理界限，构建了一个无远弗届、即时互动的全球学习网络。它不仅让师生能够跨越时空限制，轻松接入世界各地的优质教育资源，还促进了教学理念、教学方法乃至教育制度的跨国界交流与融合，极大地丰富了高等教育国际化的内涵与形式。

在高水平对外开放的大背景下，虚拟国际化对高等教育国际化的创新探索体现在多个维度。首先，它重构了国际教育资源的分配格局，使得原本稀缺的国际教育资源得以在全球范围内更加均衡地流动与共享，为更多学生提供了接触国际先进教育理念与实践的机会。其次，虚拟国际化促进了教育模式的创新与发展，推动了混合式教学、翻转课堂等新兴教学模式的广泛应用，为高等教育教学质量的提升注入了新的活力。再者，它加强了国际高等教育的深度合作与协同，通过跨国在线课程联盟、虚拟实验室、国际学术会议等平台，促进了师生之间的深度交流与思想碰撞，为共同应对全球性挑战、推动人类文明进步贡献了智慧与力量。

尤为重要的是，虚拟国际化的深入发展，还促进了高等教育国际话语权的构建与提升。在全球教育治理体系中，中国高等教育正逐步从跟随者向参与者、贡献者乃至引领者转变。虚拟国际化作为这一转变过程中的重要推手，不仅为中国高等教育提供了展示自身特色与优势的窗口，也为中国在全球教育治理中发挥更大作用提供了可能。通过加强与国际社会的对话与交流，中国高等教育可以更加积极地参与国际规则制定、标准设立等事务，为构建更加公正合理、包容开放的全球教育治理体系贡献中国智慧和中国方案。

（三）高等教育虚拟国际化已具备现实条件与坚实基础

在全球化与信息化交织并进的今天，高等教育虚拟国际化作为教育现代化进程中的重要一环，其实现的可能性已不再是遥不可及的愿景，而是基于我国高等教育多年来的积极探索与显著成就，逐步转化为现实。这一转变，得益于我国在教育数字化、智慧教育领域的深入布局与快速发展，为高等教育虚拟国际化的全面推进铺设了坚实的道路。

从技术层面来看，我国高等教育在数字化建设方面取得了长足进步，智慧学习环境在各大高校内部基本形成，为虚拟国际化的实施提供了强有力的技术支撑。随着云计算、大数据、人工智能等先进技术的广泛应用，教育资源的数字化、网络化、智能化水平显著提升，使得跨地域、跨文化的教育交流与合作成为可能。同时，高校基础设施的逐步完善，特别是高速网络、智能教室、在线学习平台等硬件设施的普及，为师生提供了便捷、高效的学习与交流环境，极大地促进了虚拟国际化进程的加速推进。

慕课（MOOC）作为虚拟国际化的重要载体和表现形式，其兴起与发展为我国高等教育国际化开辟了新的路径。慕课平台以其开放、共享、灵活的特点，打破了传统教育的时空限制，使得优质教育资源能够跨越国界，惠及全球学习者。我国不仅积极参与国际慕课平台的建设与运营，还主动发起并成立了世界慕课与在线教育联盟，通过这一平台加强与世界各国在在线教育领域的交流与合作，共同推动全球教育资源的优化配置与共享。此外，我国还推出了大量高质量的全球公开课，不仅提升了我国在线高等教育的国际影响力，也向世界展示了中国高等教育的实力与魅力。

我国高等教育在虚拟国际化过程中，不仅注重技术层面的建设，更重视师生信息素养的提升与国际化视野的拓展。通过组织各类在线教育培训、国际学术交流活动，广大高校师生的信息素养和跨文化交流能力得到了显著提升，为虚拟国际化合作项目的顺利实施提供了有力的人才保障。同时，我国还积极推动虚拟国际化合作项目的多元化发展，涵盖了课程互认、学分转换、联合培养等多个领域，进一步拓宽了国际合作的广度和深度。

三、推进高等教育虚拟国际化的路径选择

（一）推进高等教育虚拟国际化的认识转变

从国家层面来说，政策引导对高等教育虚拟国际化的发展起到规范与推动的作用。我国的高等教育国际化践行的是政府政策主导下高校实施的渐进式国际化发展模式。作为一种新兴的高等教育国际化方式，虚拟国际化也应该坚持在政策引导下走出一条渐进式的发展道路。国家应给予虚拟国际化充分的关注和支持，使用经费资助等手段鼓励高等教育虚拟国际化在我国的快速发展，并加大对高等教育数字化的推进力度，为虚拟国际化的深入发展奠定基础；通过政府意志自上而下强调虚拟国际化的重要性，以重塑虚拟国际化教育观念、支持和扩大高校虚拟国际化实践、加强虚拟国际化合作等方式改变人们对虚拟国际化的狭隘认识，将推动高等教育虚拟国际化作为国家高等教育国际化发展的重要补充。

从高校层面来看，随着高校自主性的增强和市场机制的不断完善，政府的治理和管理逐渐回归宏观上的法治建设、政策完善和行政调控，高校和市场扮演着

日益重要的角色。高校肩负着推动和实践中国特色的国际化发展策略与道路的重大使命。高校须以实际行动引导公众改变对虚拟国际化不全面、不正确的观念，通过增强理论供给与战略举措证明虚拟国际化之于我国高等教育国际化进程的重要性。同时，高校应将高等教育虚拟国际化作为数字时代技术变革背景下高等教育国际化发展的一种必然趋势，主动适应虚拟国际化带来的变革，克服面临的问题，引领虚拟国际化与我国的学术环境和社会现实相适应，以积极主动的姿态提升自身虚拟国际化观念意识，做出与虚拟国际化相关的战略规划。

（二）加速高等教育虚拟国际化的技术推广

在全球化与信息化深度融合的时代背景下，技术进步已成为驱动高等教育虚拟国际化深入发展的核心引擎。我国高等教育体系亟需把握这一历史机遇，加速新技术、尖端设备以及创新学习环境的深度融入，以技术革新引领教育模式的转型与升级。具体而言，应聚焦于以下方面，以全面优化数字化教育生态，促进全球优质教育资源的高效流通与共享。

第一，强化国家、区域及高校层级的数字化资源平台建设，构建层次分明、互联互通的教育资源网络。这要求我们不仅要提升现有基础设施的利用率，减少资源闲置，更要前瞻性地规划未来技术布局，确保平台能够持续适应并引领技术发展趋势。通过采用云计算、大数据、人工智能等前沿技术，增强平台的智能化、个性化服务能力，实现教育资源的精准推送与动态优化。

第二，优化虚拟学习平台的交互体验，打造沉浸式、互动式的在线学习环境。这包括提升平台的用户界面友好性、提高音视频传输质量、开发智能化学习分析工具等，以全方位提升学习者的参与感与满意度。同时，鼓励平台开发者与教育专家紧密合作，共同探索符合教育规律、适应学生需求的虚拟教学模式，推动教育内容与技术的深度融合。

第三，积极调动政府、企业、高校及国际组织等多方力量，共同参与优质数字化国际合作资源的建设与维护。通过建立跨国界、跨领域的合作机制，促进教育资源的全球优化配置与共享。这不仅能够丰富我国高等教育的国际视野，还能提升我国在全球教育治理体系中的话语权和影响力。

第四,引导高校转变资源观念,从传统的"为我所有"向"为我所用"转变,鼓励高校积极利用国内外优质教育资源,提升自身的教学科研水平。同时,推动高校从广泛采纳虚拟国际化工具向深度应用转变,通过教学改革、师资培训、学生交流等多种方式,将虚拟国际化理念融入高等教育的全过程,为学习者提供更加便捷、多元、高效的学习体验,从而培养出具有国际视野、跨文化交流能力和创新精神的高素质人才。

(三) 加强高等教育虚拟国际化的制度保障

政策的有效实施与持续完善是推动高等教育虚拟国际化进程不可或缺的制度保障。在全球化的背景下,各国与国际组织纷纷利用数字化手段促进虚拟国际化的发展,并普遍重视数字资源的顶层设计与战略规划。因此,在推进我国高等教育虚拟国际化的进程中,我们必须从多维度出发,深层次地优化政策供给体系,建立健全相关配套制度。其中,人才培养制度、经费支持制度以及科研创新制度是构建这一保障体系的核心要素。

在人才培养制度的构建上,应紧密围绕虚拟国际化的发展需求,建立一套全面、系统且具有前瞻性的技能框架体系。这一体系应涵盖虚拟国际化所需的各种关键技能和素养,为人才培养提供明确的指导和方向。同时,还需要研发虚拟国际化素养的测评工具,通过科学、客观的评估手段,指导人才培养方案的持续优化和完善。这样不仅可以确保人才培养的质量与效果,还能全面提升师生乃至全体国民在虚拟国际化环境下的综合素养与能力。

在经费支持制度的完善上,应大幅增加对虚拟国际化项目的资金投入,并确保资金的合理分配与高效利用。既要优先支持那些具有较大发展潜力及高回报预期的项目,以推动虚拟国际化的快速发展和创新突破,也要充分重视对基础性、根本性项目的稳定投资,以保障虚拟国际化发展的全面性和可持续性。通过合理的经费配置和使用,可以为虚拟国际化的发展提供有力的资金保障和支持。

在科研创新制度的强化上,应积极鼓励科研人员深入参与虚拟国际化的相关研究,推动科技前沿成果向可用于虚拟国际化教育的实用工具转化。这不仅可以促进科研成果的转化和应用,还能为虚拟国际化的发展提供源源不断的智力支持与技术动力。同时，还应加快推动产教融合、产学研一体化发展，形成良性互动的创新生态。通过加强科研创新制度的建设和实施，可以为高等教育虚拟国际化的发展注入新的活力和动力。

（四）加紧高等教育虚拟国际化的话语构建

近年来，我国日益强调独立创新意识的重要性，明确提出要根植于中国本土，致力于建设具有中国特色的世界一流高等学府。这一战略导向标志着中国高校的角色定位正逐步从"追随者"向"引领者"转变。自改革开放以来，随着国际局势的深刻变化和经济社会的快速发展，中国高等教育已从世界高等教育和知识体系的边缘位置，稳步迈向其中心地带。在此背景下，发展高等教育虚拟国际化成为一项重要任务。我国应积极致力于构建高等教育虚拟国际化的自主知识体系，力求在该领域掌握国际话语权和发展自主权。通过高等教育虚拟国际化的推进，加速中国高等教育声音在国际舞台上的传播，吸引更多国外受众关注中国在高等教育虚拟国际化方面所取得的最新进展，进而帮助他们深入了解中国在高等教育领域的新成就与新风貌。同时，这也将为其他发展中国家提供虚拟国际化发展的新模式与新选择，推动全球高等教育国际化格局与秩序的转变与重塑。

为实现这一目标，我国需充分利用高等教育虚拟国际化的媒介作用，生动讲述高等教育的中国故事，加速构建并完善中国高等教育的话语体系与叙事体系。在全球高等教育数字化转型的浪潮中，我国应把握机遇，将高等教育虚拟国际化领域的先进理念与实践经验推向高等教育国际化的中心舞台，充分展示我国的高等教育软实力。通过这一途径，我国可以为全球高等教育虚拟国际化发展贡献中国理念、中国方案和中国智慧，不断扩大中国高等教育的国际影响力与感召力。尽管中国难以在短期内迅速崛起为全球的高等教育与学术中心，但有望通过持续不断的建设与努力，在高等教育虚拟国际化领域取得显著成果，从而丰富与完善中国高等教育国际化的内涵与外延。

第六章　数字经济下面向新质生产力的高等教育发展

▶ 第一节　数字经济赋能新质生产力发展

一、新质生产力的深入解读

生产力作为人类征服与改造自然界的客观物质力量，其内涵与外延随历史进程而不断演变。从历史唯物主义的视角审视，特定的生产方式或工业阶段总是与特定的社会活动模式或社会阶段紧密相连，这种社会活动模式本身就是生产力的体现。综观世界现代化进程，人类社会经历了农业革命、工业革命、信息革命三次重大浪潮，每一次浪潮所代表的农业经济、工业经济、数字经济，均成为推动新生产力发展的核心动力。传统生产力，主要指的是从农业时代至工业时代，以机器、设备、人力为主要生产要素的生产方式；而新质生产力，则是数字经济时代背景下，以科技创新为主导，以创新驱动高质量发展为核心，旨在突破关键性、颠覆性技术的全新生产方式，它标志着对传统生产力的质态跃迁与全面升级。

新质生产力的诞生，是技术革命性突破、生产要素创新性配置、产业深度转型升级共同作用的结果，它以劳动者素质的提升、劳动资料的智能化、劳动对象的数字化及其优化组合的飞跃为基本内涵，以全要素生产率的大幅提升为核心标志。新质生产力的核心特征在于"创新"，关键在于"质优"，其本质属性是先进生产力。与之相呼应，数字经济本身即先进生产力的代表，它涵盖了数字产业化、产业数字化、数据价值化、治理数字化等多个维度，展现出高创新性、强渗透性、广覆盖性等多元特征。

"新质生产力作为马克思主义中国化的最新理论成果，对于培养创新人才、推动科技进步以及服务社会发展具有重要的时代价值。"① 在新发展阶段，新质生产力体现了生产力现代化的最新成果，是新时期高水平、高效率、高科技、高质量、可持续发展的生产力的集中体现。在新时代背景下，数字经济通过创新驱动，促使传统生产力发生质变，为新质生产力的涌现提供了强大动力，这一进程是迈向高质量发展的必然趋势。

进一步分析，新质生产力的深入发展，依赖于四个关键要素：①科技创新的持续突破，特别是关键核心技术的自主研发与掌握，这是新质生产力形成与发展的基石；②生产要素的创新性配置，包括数据作为新型生产要素的有效利用，以及人才、资本、技术等要素的高效整合；③产业结构的深度调整与转型升级，通过数字化、网络化、智能化手段，推动传统产业焕发新生，同时催生新兴产业的蓬勃发展；④制度环境的优化，构建适应新质生产力发展的政策体系与市场机制，为新质生产力的成长提供良好的外部条件。

二、数字经济赋能新质生产力发展的理论逻辑

数字经济使传统农业和工业时期的生产力逐渐演变为新质生产力。数字经济赋能新质生产力发展可以从以下视角进行分析：

（一）数据要素赋能新质生产力发展

数据要素发挥关键的基础性和战略性作用，在参与生产过程中创造巨大价值，扩大再生产的范围和新质生产力效率。

第一，数据要素在当今数字经济时代中，扮演着至关重要的基础性和战略性角色，其在生产过程中的参与不仅创造了前所未有的价值，还极大地扩展了再生产的边界，并对新质生产力的效率提升产生了深远的影响，这一影响在经济与管理领域尤为显著。

从生产要素的核心地位来看，数据要素作为数字经济的基石，其重要性不言而喻。与传统生产要素相比，数据展现出了独特的属性，它在重构生产力的过程

---

① 徐政，邱世琛. 高等教育驱动新质生产力发展的深层逻辑与有效路径研究 [J]. 教育学术月刊，2024（6）：96.

中，表现出了依附倍增性和集约替代性的显著特征。依附倍增性意味着数据能够与其他生产要素紧密结合，通过数据的流动与整合，使得生产要素的效能得到倍增，进而推动生产力的快速发展。而集约替代性则体现在数据能够在一定程度上替代传统生产要素，实现生产要素的优化配置和高效利用，进一步提升了生产力的质量和效率。

在重构生产关系方面，数据要素同样展现出了其独特的魅力。网状共享性使得数据能够在不同主体间实现无缝共享，打破了传统生产关系中的信息壁垒，促进了生产关系的网络化、扁平化发展。而分配特殊性则体现在数据要素的价值创造和分配过程中，数据的价值往往难以准确衡量，且其价值的实现往往依赖于复杂的数据处理和分析能力，这使得数据要素的分配更加注重技术和知识的投入，进一步推动了生产关系的创新和变革。

第二，数据要素在参与生产过程中创造巨大价值，是数字经济时代生产力发展的显著特征。

从知识生产方式看，数字经济时代海量的数据资源依托数据技术进行数据收集与数据处理，凭借其可复制性和可再生性等自然特征、快速流动性和可重复利用性等经济特征突破空间障碍，实现数据资源的跨地区流动，带动区域优质数据要素资源的集聚，创造数据资源效益的最大化，降低生产要素不对称，推动人类的知识认知方式由传统知识生产向网络知识生产转变。

从劳动生产方式看，传统生产要素资源总量有限，在劳动生产过程中呈现边际报酬递减规律，依靠大量的低成本劳动力和生产资料进行高投入的生产模式难以长久地保持经济的高速度增长和高质量发展。

与传统生产要素不同，数字经济时代下的数据要素能够打破资源总量的约束与限定，并且，数据要素还具有边际报酬递增和规模报酬递增等特性，促进新质生产力发展。例如，在数字劳动生产过程中，上游企业的数字化发展存在产业链溢出效应，降低下游企业管理费用、提高存货周转率，优化下游企业的资源配置效率，提升下游企业整体的生产率水平。

第三，数据要素重构原有经济活动中生产过程与部分再生产投资、交换过程和消费过程与部分再投资的边界，有机结合商品和数字要素的扩大再生产，扩展了社会再生产范围，提高了社会扩大再生产的效率。数据要素作为创造新质生产力的关键生产资料，其快速流通和有效利用对提升资源配置效率、推动生产方式变革、促进产业生态重构和实现经济社会高质量发展具有重要意义。党的十九届四中全会将数据作为生产要素按贡献参与分配，并在此基础上确立关于数据要素市场的重要内涵。

由于数据要素贡献的是价值，社会财富是使用价值与价值的统一，要健全数据要素由市场评价贡献并决定报酬的机制和政策。数据资源驱动模式将充分挖掘数据要素的潜在价值，以数据流通带动技术、资源、人才的自由流通和高效配置，提高人工智能、大数据、物联网、云计算等以数据要素为核心，以数字产业为代表的全产业链全要素生产效率，进而赋能新质生产力发展。

（二）数字技术赋能新质生产力发展

数字技术驱动数字经济产业规模扩大、推动生产力实现"质"的飞跃，驱动数字经济高质量发展、赋予生产力"新"的内涵，驱动数字经济绿色发展、发展"绿色"生产力。

第一，数字技术驱动数字经济产业规模扩大，推动生产力实现"质"的飞跃。数字经济催生的新质生产力与传统简单资本积累形成的生产力有着本质上的区别，数字体系中的对象化劳动是劳动者通过活劳动固定在某个对象中的劳动成果。当前，依托数字经济的新质生产力在云计算、大数据、新一代互联网、物联网、人工智能等前沿技术领域的力量日益凸显，数字技术的高生产效率使大量劳动力逐渐转变为数字劳动，由传统制造业、低端服务业向先进制造业、现代服务业等部门流动，加速实现生产要素的升级和配置效率的优化。从某种程度上说，数字技术越尖端，数字经济的新质生产力作用越大。

第二，数字技术驱动数字经济高质量发展，赋予生产力"新"的内涵。高质量发展需要符合新发展理念的生产力理论来指导，新质生产力是通过科技创新驱动形成的具备更高附加值、更强竞争力和更持续发展能力，实现关键性颠覆性技术突破，既转变传统增长路径与高质量发展相契合，又更具融通性、更具新内涵的数字经济时代的生产力。当前数实融合的发展态势将人工智能、云计算、大数据等数字技术与产品的研发、生产、销售过程相结合，改变以往高投入、高能耗、高排放和高污染的发展模式，以高效能、高质量、高科技的新发展模式刺激人们向多样化、个性化、高端化的消费需求转变，持续发挥数字时代下消费在促进新质生产力发展中的重要作用。

第三，数字技术驱动数字经济绿色发展，发展"绿色"生产力。绿色发展是高质量发展的底色，新质生产力本身就是绿色生产力。绿色生产力是通过数字技术提高企业的绿色全要素生产率，改善企业的经营管理和生产方式，加快经济社会发展全方位绿色转型，助力节能减污降碳，实现环境质量与经济效益双重提升的新质生产力。以绿色技术为代表的数字技术可为企业的生产过程优化、技术迭代升级、绿色产品创新等开辟新的发展空间，提升生产要素的使用率，为企业数字化转型培育新质生产力发展新动能。另外，产业数字化的过程中，制造业企业注重利用数字技术通过数字建模、数字孪生技术、感知控制、业务集成等方式构建高科技、低耗能、少污染的发展模式，以打造清洁生产、低碳循环、绿色供给的高端产业体系，助力数字经济时代更加绿色的新质生产力发展。

（三）数字基础设施赋能新质生产力发展

数字基础设施加大释放新质生产力发展潜力，持续拓展新质生产力涌现范围，加快重构新质生产力发展新形态。

1. 数字基础设施加大释放新质生产力发展潜力

数字基础设施的不断推进带来数字技术通用性的提升，进而成为改善生产效率的关键。数字经济时代的新型数字基础设施建设帮助企业更高效地在经济运行的各个环节和各个方面应用数字技术，动态整合共享网络中的各类生产要素，提高企业的数字化生产率，为企业创造价值的同时充分释放新质生产力发展潜力。我国不断建成开通的5G基站、持续发展的蜂窝物联网终端用户为我国完善数字基础设施建设、提升数字经济核心竞争力、加快培育新质生产力提供物质基础。

2. 数字基础设施持续拓展新质生产力涌现范围

在互联网、人工智能、大数据等数字技术的支持下，数字基础设施得以帮助有关主体对产业进行精细管理和智能决策。随着数字基础设施的不断健全，实现整个产业领域内数字化转型和生产经营规模扩大,推进产业链一体化和信息快速流通,保障产业可持续发展和竞争力的提高,为新质生产力发展注入源源不断的力量。

从地区看,随着我国数字基础建设的逐步健全,使得大城市的技术、信息、人才、知识等资源能够由中心区域加快向边缘区域流动和分散,不断突破时间和空间的限制并创造全新研发成果,增强边缘区域的经济活力,缩小城乡生产力水平差距,以统筹城乡生产力协调发展为切入点加快培育新质生产力发展。

从企业看,数字经济时代大中小企业融通创新背景下,数字基础设施建设为数据、人才、资金、技术等生产要素在大企业和中小企业间的流通提供交易平台,通过供需对接匹配降低企业间的摩擦,为不同类型的生产商寻找最具优势的生产环节并参与产业链循环,实现合作共赢和生产力水平升级提供机会。

3. 数字基础设施加快重构新质生产力发展新形态

数字经济是现阶段新质生产力发展的综合质态。在数字经济时代新一轮科技革命与产业变革加快发展的背景下,世界大国纷纷将数字基础设施建设作为产业升级与创新发展的关键措施,加快发展数字基础设施建设已成为世界各国重构生产力新形态、拓展新应用场景、打造新业态的重要举措。算力基础设施正成为赋能新质生产力发展的重要工具,例如国家超级计算深圳中心、国家超级计算西安中心、文昌航天超算中心、雄安城市计算中心等算力基础设施,通过数量网络和质量网络缓解生产要素错配推动创新,为各行业的数字化转型注入新的活力,其产生的网络外溢效应能够带动技术和规模效率的提高,进而实现算力新质生产力对全要素生产率的提升。

(四) 数字治理赋能新质生产力发展

数字治理为新质生产力发展完善法治建设、打造智慧监管、培育人文素养。

1. 数字治理为新质生产力发展完善法治建设

我国政府加强顶层设计,加快健全数字治理有关法律法规体系。政府相继出台《中华人民共和国网络安全法》《中华人民共和国数据安全法》《中华人民共和国个人信息保护法》等法律法规,发布了《中共中央、国务院关于构建数据基础制度更好发挥数据要素作用的意见》,对一体化政务体系建设进行全面部署,促进技术、业务和数据的融合,增强数字政府的履职能力,提升网上公共服务的效能,建设智能高效的数字政府,从整体上为新质生产力发展奠定政策基础。通过制定数据确权方案进行数据确权,将国家与地方、政府部门、政府与个人之间的数据产权界限划分清楚,明晰政府对企业及个人数据的权益范围及收益返还机制,为确保各类主体在共享数据和使用数据过程中的数据安全和数据高效流通提供保障,从具体要素市场上为新质生产力发展保驾护航。

2. 数字治理为新质生产力发展打造智慧监管

在当前我国数字化转型的宏观背景下,数字治理体系作为推动新质生产力发展的关键要素,正逐步展现出其独特的价值与潜力。具体而言,我国依托数字技术监管体系、数字信息监管基础设施、数字主客体监管机制以及数字多元渠道监管方式,从多维度、多层次出发,全面打造智慧监管框架。这一框架的核心在于建设智慧监管一体化平台,旨在通过技术手段提高监管的效率与质量,进而为公共安全、城镇化管理、基层治理等领域提供更加高效、精准的数字治理支撑。同时,智慧监管体系的完善也为消费者带来了更为便捷、个性化的服务体验,持续推动智慧零售、智慧交通、智慧家居、智慧教育等新兴业态的涌现与发展,确保了新质生产力及其新业态在健康、安全的环境中蓬勃生长。

3. 数字治理为新质生产力发展培育人文素养

在数字经济时代的大潮中,我国正致力于构建一个便捷、普惠的数字社会。在此背景下,从中央到地方各级政府均高度重视数字素养的培育,将其视为加强数字治理、完善数字社会建设的重要途径。为了实现这一目标,社会各界,包括企业、科研机构、普通高校以及职业院校,纷纷响应,通过加强数字素养方面的技能教育培训、完善数字教育体系等多种方式,共同普及新质生产力的内涵与价值。这一系列举措不仅有效提升了数字社会治理的效能,还显著提高了全民的数字素养与技能水平,为新质生产力的发展储备了充足、高素质的人才资源。长远来看,这种以人为本的数字治理理念与实践,将为新质生产力的持续创新与健康发展提供坚实的人才支撑与智力保障。

三、数字经济赋能新质生产力发展的动力机制

数字经济不断对新质生产力发展进行动力赋能。数字经济赋能新质生产力发展的动力机制主要从微观企业、中观产业、宏观社会方面展开分析。具体来看，在微观方面体现为数字化转型赋能新质生产力发展的技术创新驱动机制；在中观方面体现为数实融合赋能新质生产力发展的产业融合机制；在宏观方面体现为数字化变革赋能新质生产力发展的社会运行机制。

（一）数字化转型赋能新质生产力发展的技术创新驱动机制

数字化转型即企业利用数字化技术更新升级业务流程与组织模式以增强市场竞争力。数字化转型能为企业提供更优的生产运作方式，通过实时监控采购、生产、库存、资金、设备状态等经营数据，有助于企业精准把控生产经营的每个环节并及时处理信息。

数字化转型还能提高企业生产的产品品质，实现新产品的创新。在企业数字化转型过程中，数字技术作为一种新的组织方式，是企业发展扩大并与其他主体协同合作的重要组成部分。数字技术的创新驱动机制有利于企业在数字化转型过程中打破技术壁垒，催生颠覆性技术和前沿技术，打造智能生产模式，培育研发创新能力，赋能新质生产力发展。数字化转型中的数字技术能增强企业内部研发新质生产力的创新能力。企业只有将数字技术真正应用到生产过程中，让数字技术与企业具体业务的紧密融合，才能让数字技术在企业研发新质生产力创新质量上得到更好的发挥。

基于数字技术搭建的数字平台，企业可进行平台化管理，将复杂系统拆分成独立模块，在标准化的体系结构下以标准的界面开展交互作用，既能简化系统模块间的关联规则，降低设计者对功能模块的信息需求，又能实现模块内部的自主创新，提升新产品的研发效率。数字化转型中的数字技术还能增强企业外部研发新质生产力的创新能力。数字技术的创新升级提升企业间的开放程度，带动中小企业在大企业的帮扶下相继开展数字化转型，越来越多的企业不断加大对数字技术的研发投入，推动人工智能、量子计算、生物技术等前沿技术取得进展性突

破，以技术创新和规模化应用效应共同构建协同创新的生产体系。

（二）数实融合赋能新质生产力发展的产业融合机制

数字经济与实体经济融合是建设现代化产业体系的现实需要，也是推动实体经济高质量发展的内在要求。数字经济和实体经济的融合发展具有二重特性：既表现为数字实体经济自身的发展，即数字产业化，数字产业化为融合发展提供必要的技术和基础设施支持，也表现为数字经济对传统实体经济的赋能与改造，即产业数字化，产业数字化是融合发展的重要内容，有利于引导数字经济创新发展的实体化方向。

在产业融合机制的深刻作用下，数字经济正以前所未有的速度推动着数字产业化和产业数字化的进程，这一进程不仅促进了数字经济与实体经济之间的深度融合，还显著加快了产业结构向数字化转型的步伐。此转型过程对于增强我国产业的独立发展性和自主创新性具有深远意义，它为数字经济在宏观层面赋能新质生产力的发展提供了坚实的理论依据和实践支撑。

数字经济与实体经济的深度融合（即数实融合）对于带动产业转型升级具有显著作用。在这一融合过程中，互联网、人工智能等新一代数字技术的广泛应用，使得传统产业从生产要素到创新体系，再到商业模式都发生了全方位、深层次的变革。这些变革不仅催生了新业态、新模式和新产业系统的形成，还为产业的持续发展和创新提供了新的动力源泉。

此外，数实融合还在推动智能产业体系的发展方面发挥着重要作用。智能制造，作为新一代信息技术与先进制造技术深度融合的产物，正引领着数字经济时代的产业变革，它加速了制造业向数字化、网络化、智能化方向的转型，推动了制造业向高生产效率、高附加值的产业价值链环节升级。在制造业领域，数字化生产已成为不可逆转的大势所趋，而工业互联网的建设也在持续推进，为智能制造的发展提供了坚实的基础设施支撑。

（三）数字化变革赋能新质生产力发展的社会运行机制

数字化变革作为一种利用数字技术深刻改变组织、行业、社会等方面的方式和方法的过程，其核心在于实现创新、效率提升和价值创造。这一过程不仅是信息化基础上的进一步深化和拓展，更是涵盖了云计算、物联网等数字技术各个领域的全面变革，其根本性影响在于对生产力和生产关系的重塑。数字化变革以其深远的社会影响力，促进了新产品的创新，改善了消费者体验，提高了生产效率，降低了生产成本，从而成为推动社会经济快速发展和不断进步的重要力量。

要加快在数字经济领域形成新质生产力，必须从宏观层面出发，通过数字化变革赋能社会运行机制，为新质生产力的发展创造更加优化的环境。这一过程的实现，需要我们在多个方面进行深入思考和实践。

在构建智能高效的数字化政府方面，要加快推进数字政务的体制机制和规则创新，以实现数据共享和协同作用的高效运行。这包括了对一体化政务体系建设的全面部署，通过促进技术融合、业务融合和数据融合，可以进一步增强数字政府的履职能力，提升网上公共服务的办事效能，从而为社会公众提供更加便捷、高效的服务体验。

同时，在构建普惠便捷的数字化社会方面，也需要全面推进智慧城市、数字乡村、智慧社区和家庭建设。这一过程的实施，不仅可以缩小城乡差距，推进社会整体的数字化进程，还可以满足人们多样化、个性化、高端化的生活需求。通过充分利用数字化技术，可以为公共安全、城镇化管理、基层治理等工作的开展提供有效的支持，进而提高数字社会治理效能，提升全民的数字素养和数字技能。

四、数字经济赋能新质生产力发展的表现形态

（一）数字经济推动生产力转变

传统生产力由以生产工具为主的劳动资料，引入生产过程的劳动对象和具有一定生产经验与劳动技能的劳动者三大要素构成。数字经济摆脱传统生产力的发展路径，重新界定生产力三要素的特征，赋予其与时代发展相契合的新质生产力新内涵。

1. 劳动者

从劳动者的维度进行深入探讨，可以发现，劳动者作为生产力构成要素中的最为活跃的部分，不仅是生产力发展水平的核心指标，更是推动生产力不断向前发展的内在动力源泉。相较于传统生产力体系中主要依赖体力劳动的劳动者，数字经济的蓬勃兴起为新质生产力的快速发展孕育了全新的劳动者群体——数智化劳动者。这一群体以知识型、技能型、创新型劳动者为代表，他们凭借深厚的专业知识、精湛的数字技能以及持续的创新能力，成为数字经济时代生产力的关键要素。

数字经济的出现与发展，不仅极大地丰富了知识的获取渠道和技能的学习方式，使得劳动者能够以前所未有的速度和效率掌握最新的数字知识和技术，从而不断提升其思想素质和数字技能水平。这种提升不仅增强了劳动者的个人竞争力，也为整个社会生产力的进步注入了新的活力。

此外，数字经济的迅猛发展还催生了一系列新兴产业，如互联网、云计算、电子商务等，这些新兴产业的涌现为劳动者提供了从传统制造业向现代服务业转型的广阔舞台。在这个舞台上，劳动者不仅能够找到大量与数字经济紧密相关的新就业机会，还能够享受到更为广阔的职业发展前景和成长空间。因此，数字经济不仅改变了劳动者的知识和技能结构，还为他们的职业发展开辟了全新的路径，进一步推动了新质生产力的快速发展和社会经济的全面进步。

2. 劳动资料

从劳动资料的维度进行剖析，劳动资料，尤其是生产工具，不仅是生产力发展水平的外在衡量标准，更是不同历史阶段生产力进步的重要标志。传统生产力中的生产工具，往往以其材质、工艺及功能特性，象征着特定时期的生产力水平。然而，在数字经济的浪潮下，新质生产力的崛起为劳动资料带来了前所未有的变革，创造了更多高效精密、低碳安全的数字化设备，这些设备不仅代表了技术创新的最新成果，也预示着生产力发展的新高度。

随着数字经济的发展，劳动者的劳动过程逐渐呈现出重复性和程序化的特点，这部分劳动内容正逐步被先进的算法所替代。在此背景下，劳动者需从劳动资料这一基础环节出发，积极拥抱并应用人工智能、大数据、先进制造技术以及工业互联网等前沿数字技术，对劳动资料进行深度改造与智能升级。这一过程不仅能够极大地拓展劳动资料的生存空间和应用场景，优化生产流程，提升生产效率，更重要的是，它能够解放劳动力，使劳动者从繁重、重复的劳动中解脱出来，专注于更具创造性和策略性的工作，从而全面提升总体的劳动生产效率，推动新质生产力向更高层次迈进。因此，劳动资料的数字化、智能化转型，不仅是技术进步的体现，更是新质生产力发展的内在要求和必然趋势。

3. 劳动对象

从劳动对象看，劳动对象是社会生产活动的物质基础和现实条件，代表着不同时代的生产力发展水平。区别于传统生产力中的未经过人类加工的自然物和经过人类加工的材料，数字经济给新质生产力发展创造更多以物质形态存在的高端设备和数据等非物质形态的对象。除了作用于劳动资料，数字技术也可以作用于劳动对象。利用先进的数字技术极大地提高劳动对象的能力，能够确保劳动产品及时供应的情况下不断升级劳动产品的性能和质量，并且随着数字经济时代数据成为新的生产要素，信息、数据、知识等都转换成为新的劳动对象，涌现一批战略性新兴产业和未来产业，劳动对象的范围进一步扩大。

数字经济与生产力相结合，创造更高素质的劳动者、更新技术的劳动资料和更广范围的劳动对象，通过对生产力三要素的创新配置和全面优化组合大幅提升全要素生产率，进而赋能新质生产力发展。

（二）数字经济推动生产关系转变

传统生产关系包括生产资料的所有制形式、人们在生产中形成的地位和相互关系以及产品分配方式。生产力决定生产关系，生产关系也一定要适应生产力的发展，尤其对于数字经济时代下生产力已经发生"质"的变化的新质生产力，更需要有适应新质生产力的新型生产关系来促进新质生产力的发展，否则，一旦生产关系滞后于时代的发展，便会制约束缚新质生产力的发展壮大。数字经济的发展推动生产关系的变革，带动生产关系三方面发生深刻变化，进而促进新质生产力的发展。

1. 生产资料的所有制形式

过去生产资料的所有制性质已经很难用公有制或者私有制来界定，更多地向社会所有制转变。传统生产要素土地、劳动、资本等的所有者通常具有排他性特征，而数据作为新型生产要素具有更多的公有性特征，较少甚至不具有排他性特征。数字经济时代越来越注重充分调动市场主体的积极性，深化要素市场化改革，突破要素流动市场壁垒，创新要素市场化配置，激发数据在市场体系中的活力，助力新质生产力发展。

2. 人们在生产中形成的地位和相互关系

柔性管理代替传统刚性管理。在鼓励创新、宽容失败的时代环境中，充分激发知识、技术、人才的市场价值，推动传统劳动分工由单一型向合作伙伴关系、智能实时交互、平台融通协作等方向转变，传统生产组织结构由直线型向网络虚拟组织、平台型组织、无边界组织等新型组织形态转变，为新质生产力发展注入强劲动能。

3. 产品分配方式

数字经济时代的发展伴随各种形式的分配方式和各种复杂的分配关系，在按劳分配的基础上不断完善要素参与收入分配机制和初次分配、再分配、第三次分配机制，确保改革发展成果由全体人民共享，催生新质生产力发展。

数字经济与生产关系相结合，构建社会所有制、柔性管理、更多样的分配方式等新型生产关系，加快提升生产效益，进而赋能新质生产力发展。

（三）数字经济推动生产方式转变

生产方式是生产力和生产关系的统一。不同的生产方式会对生产力和生产关系产生直接的影响。数字经济的出现推动传统生产方式向创新化、平台化、绿色化的生产方式转变，赋能新质生产力发展。

1. 创新化生产方式

随着数字经济时代下数据成为关键生产要素，推动经济增长模式从传统要素驱动向创新驱动转变。数字经济通过以创新引领的智能化、自动化的生产方式可以大幅提升生产效率，并将大规模、标准化的生产与精确化、个性化的服务结合起来，加速新质生产力发展。

2. 平台化生产方式

人民生活消费水平的提升需要更为先进的生产方式来提升发展水平。数字经济利用互联网等数字平台通过算法调配劳动资源和劳动时间，促使消费者和生产者相结合并自愿参与生产分工。既能利用长尾效应和精准控制，满足消费者多样化、个性化、高端化的需求，又能促进企业间在资源、技术、人才、信息方面的融通创新和信息共享，提高企业作为生产者的生产效率，实现企业间的互利共生、人民美好生活需要的满足和新质生产力的发展。

3. 绿色化生产方式

绿色发展是生态文明建设的必然要求，新质生产力是数字经济推动下的绿色的生产力和绿色化的生产方式。区别于依靠高资源投入、高能源消耗、高时间成本的传统生产方式，以数字技术的颠覆式科技创新和关键技术核心攻关推动绿色化生产和循环经济发展，培育以高科技、高效能、高质量为主要特征，适合当下新发展理念的新质生产力发展新动能。

数字经济与生产方式相结合，更新创新化、平台化、绿色化的生产方式，提升生产效率并降低生产成本，进而赋能新质生产力发展。

（四）数字经济推动价值分配转变

传统劳动价值理论将直接参与物质资料生产的体力劳动和脑力劳动视为生产劳动，通常按照劳动时间和劳动岗位进行价值分配。在数字经济时代下，数字经济推动传统劳动价值分配向平台价值分配、数据价值分配、知识价值分配转变，赋能新质生产力发展。

1. 平台价值分配

各行业领域数字平台的出现，为各主体提供了破除时间和空间束缚开展生产活动的中介。以数字电商平台为例，企业间可利用工业互联网进行信息资源的交换共享，得以通过合作共赢实现价值分配和保障产业链链条的通畅。各企业也可在平台上进行产品的展示,满足消费者多样化、个性化、高端化的需求,不仅能保障供需平衡,还能掌握市场环境的发展动态,再辅之数字技术应用,可以极大地提升自身的生产效率和生产强度,进而实现价值分配,催生新质生产力发展。

2. *数据价值分配*

步入数字经济时代,数据在经济活动中的作用日益重要。数据要素参与分配符合我国社会主义市场经济的发展需要。数据在生产过程中渗透在生产力的基本要素中,从潜在的生产力转为现实的生产力。通过数据的不断转化和应用以乘数效应创造经济价值、企业价值、社会价值等并在各主体间进行价值分配,为新质生产力发展创造动力源泉。

3. *知识价值分配*

数字经济时代十分重视知识产权的保护,通过鼓励科研人员利用科技成果转化取得合理收入、逐步提高科研人员的收入等方式推动形成体现增加知识价值的收入分配机制。知识产权和创新的关系最为直接也最为紧密,保护知识产权就是保护创新,保护创新就是加快新质生产力发展。

五、数字经济赋能新质生产力发展的实现策略

(一) 优化数字经济赋能新质生产力的全方位部署

1. *中央继续引领部署新质生产力发展*

要形成各地利用数字经济赋能新质生产力发展的良好态势,需要中央继续引领部署新质生产力发展,不断强化中央的组织领导和政策带动。按照数字经济发展的规律出台与其相适应的创新政策,在充分调动市场主体积极性的基础上,逐步形成以数字化企业的"点"带动、数字化产业链的"线"推动、国民经济整体的"面"联动的全方位动力体系,促进新质生产力的高质量发展。

不同于过去借助引入和效仿来减少创新失败的方式,需要在持续尝试中稳扎稳打,找出当前创新过程中存在的各种问题,并通过寻找、发现和解决问题来构建创新体系中各级政府、企业、科研机构和高校间的新质生产力发展战略的互联

互通。另外，不断改善我国的营商环境。通过精简行政手续，提升政府的服务效能，提升市场化和法治化的程度。提高要素供应的可及性，强化公共设施建设、信贷金融支持、营业场所保障和综合性要素保证。推动包容性普惠创新、促进劳动就业和促进信用制度的构建。加大对高质量的人才的开发和引进力度，加大对科技创新和研发资金的投入力度，为现代化产业体系建设、企业数字化转型和技术创新提供有利的市场运行环境，为新质生产力发展创造良好的营商环境。

2. 地方坚持因地制宜发展新质生产力

面对新一轮科技革命和产业变革，地方应积极响应中央的号召，从实际出发，实事求是，依托当地发展优势，因地制宜发展新质生产力。地方应支持当地企业、科研院所等主体充分发挥比较优势，利用当地优势资源和数字经济大环境，加大研发投入，利用高新技术和数字化手段使传统产业向高新技术产业和未来产业转型升级，增强产品的附加值和竞争力，全面提升科技创新竞争力，同时也要清醒地认识到，科技创新是技术的突破而并非产能的简单复制。地方也应支持企业追求生产力质的飞跃和产业战略性发展的需要，鼓励其积极推动产业向高端化、智能化、绿色化发展，大力完善现代化产业体系建设，同时引导企业在借鉴和采取数字化转型举措中保持理性，避免盲目从众。

地方要立足本地特色，结合自身产业发展基础、产业结构特征、科研人才条件、能源资源禀赋等，强化产业链上下游的协同配合，提高产业集聚效应和资源配置效率，发挥地域、资源和文化等方面优势，通过人才培养、科技创新、产业结构优化等多元化措施，因地制宜发展新质生产力，提高全要素生产率。

3. 基层深入落实新质生产力发展

基层是新质生产力发展的前沿阵地，是促进经济和社会发展的重要基础。培育新质生产力，不但可以提高基层的经济实力与竞争力，而且可以带动就业，改善民生，促进基层的高质量发展。基层干部是党和政府联系群众的桥梁与纽带，在数字经济时代，要不断地提升自身能力，适应新质生产力发展要求。基层干部要深入基层，了解群众需要新质生产力的发展，真正认识人民群众的生产生活状况，掌握群众的需求和诉求。唯有如此，才能更好地制定政策，赋能新质生产力的发展，以适应广大民众的需要。基层干部也要加强与各方的联系和配合，推动基层体制机制创新。加强科技创新，鼓励和支持企业加大研发投入，优化产业结构，重视人才的引进和培养，推动产学研深度融合，加速科技成果的转化和应用。

（二）激发数据要素价值，助力新质生产力发展涌现

数据作为数字经济时代的核心生产要素，其具备的可复制性和可再生性等自然特征、快速流动性和可重复利用性等经济特征，使其在社会生产力和生产关系的重构中发挥重要作用。

1. 加快完善数据要素市场

通过颁布数据确权有关的法律制度，详细划分中央、地方、个人间的数据产权界限，推动数据确权工作的开展与落实，为数据产业开展经营活动过程中各主体间进行数据交易、数据共享、数据资产入表和创新数据利用模式奠定基础，使数据要素的巨大潜在市场价值得以挖掘，并成为各类市场上最活跃的经济要素，推动数据要素价值的有效使用和相关产业加快变革。在此基础上还要继续加强数据安全保护，完善个人信息保护的相关法律法规体系，确保数据要素市场的健康有序发展和数据要素价值潜能的释放。

2. 加强数字经济人才培养

强化产教融合，推动数字人才培养与产业需求紧密结合，建立面向企业实际需要的数字化人才培养体系，推动数字经济龙头企业和高校科研院所、高技术人才强强联合进行产学研合作，开展数字化人才培养，深入挖掘数据要素的潜在价值，并鼓励和指导企业在人工智能、区块链等领域开展有关培训，促进人才数字化转型，为新质生产力发展提供充足的人才支持。

3. 推动数字劳动资料升级

加强人工智能、工业互联网等数字技术融合应用，积极推广数字化、网络化、智能化的生产工具，加快建设数字化车间和智能制造示范工厂，加速信息的获取和传播，重新组合，融入数字生产要素和生产条件，帮助企业优化生产决策流程和管理方式革新。

（三）提升数字技术应用能力，增强新质生产力发展动能

1. 以科技创新为驱动力，加强数字技术的自主创新能力

科技创新是新质生产力发展的核心要素。企业要加强技术研发投入，推动科技创新，由大企业牵头，联合中小企业、科研机构等团体开展研发合作，增强我国在产业链上的自主创新能力。政府要加强数字技术基础设施建设，进一步加快工业互联网、数据中心等为代表的数字信息基础设施建设，通过不同地区基础设施间的互联互通和规划布局，全面提高基础设施水平，强化传统基础设施数字化智能化改造。

2. 以场景应用为目标，加强数字技术的创新应用

企业要加强对数字技术的应用研究，加大产学研科技创新力度，提升数字技术成果转化的投入产出效率和应用范围。政府要加大支持数字技术创新平台的建设力度，通过增加技术配置和人才履职等，为各类主体开展科技创新成果转化与应用提供平台条件。

3. 以数字治理为手段，规范数字技术的使用安全

数字治理是在数字技术和数字经济快速发展的背景下提出的新问题。目前，世界范围内的数字经济高地之争，实质上是一场数字技术创新与数字治理规则之争，我国更要加快完善数字治理的基础体系，亟须加强顶层设计，以国家战略和国家政策开展数字治理牵引发展，为数字技术创新应用和新质生产力发展营造鼓励创新、宽容失败、敢闯敢试的法治环境，保障我国数字经济下数字技术的有序升级。通过继续出台一系列针对性的法律法规和市场规章制度，妥善处理好数字技术创新应用和数字治理高效性的关系，既不能在新的经济现象和治理规则竞争中无所作为、失去战略主动权，更不能以规范和治理的名义挫伤乃至扼杀新的生产力的蓬勃生机。

（四）推进现代产业体系建设，加快新质生产力发展速度

大力推进现代产业体系建设，有助于加快新质生产力发展速度。

1. 深化数实融合，优化产业布局

从现代产业体系的先进性和开放性出发，继续深化数实融合，优化战略性新兴产业和未来产业布局。既要加快战略性新兴产业融合集聚发展，积极创建国家级战略性新兴产业基地，推动人工智能、智能装备等重点战略性新兴产业跨领域、跨产业、跨集群和数字经济的深度融合，又要围绕颠覆性技术与前沿技术，前瞻布局一批未来产业，充分发挥我国超大规模市场优势，抢占新质生产力发展的制高点。

2. 坚持传统产业和新兴产业共同发展

从现代产业体系的协同性和包容性出发，要坚持传统产业和新兴产业共同发展。在现代产业体系建设过程中，要秉承先立后破的理念，不能简单地将传统产业视为低端产业简单退出，而是要有秩序地推动传统产业转型升级，与新兴产业协同发展。既要引导和扶持对传统产业技术改造和设备投入，促进我国传统产业在国际分工体系中的地位和竞争优势，又要充分发挥政府的示范引导作用，鼓励支持传统产业利用先进的数字技术进行数字化转型升级，加快传统产业向高端化、智能化、绿色化迈进。

3. 完善设施建设，推进数字化进程

从现代产业体系的完整性和安全性出发，应完善数字基础设施建设，推进数字产业化和产业数字化进程。数字基础设施是数字产业化和产业数字化的重要工具。企业应增加对数字基础设施的投资，优化数字基础设施的布局，使其朝着全覆盖、高速度、低时延和智能化的发展方向前进。另外，推动数字产业化，通过增强对数字产业的支持，完善数字产业的布局，推动数字产业的高端化、集成化和智能化发展，打造数字技术产业、数字服务产业和平台经济、共享经济等新业态新模式；推动产业数字化，通过增强对产业数字化的支持，完善产业数字化的路径，推动产业数字化的全面化、深度化、智能化发展，打造农业、服务业、制造业等多领域的数字化转型。

（五）构建新的全球治理体系，营造新质生产力的发展环境

从全球的角度出发，要加快构建新的全球治理体系，营造新质生产力发展的

良好环境。

1. 总体思路架构

在总体思路架构层面,要坚定不移地扩大对外开放,用人类命运共同体理念指导世界经济治理体系和规则的调整,创造新质生产力发展的外在条件。通过完善开放型经济新体制,深化国际科技合作和人才交流合作,支持外资科技企业和国内科技企业、科研机构共享先进经验,促进外籍人才与我国人才间的工作学习交流,推动技术攻关,增强市场竞争力。

2. 经济层面

经济层面要建立以国内大循环为主、国内国际双循环相互促进的新发展格局,清除新质生产力发展道路上的结构壁垒。坚持把发展立足点放在国内,以扩大内需为根本,促进国家统一大市场的构建,不受外部国际环境不确定性增加的影响,使我国的国民经济能够实现良性循环,牢牢把握好发展的主动权。在保障国内内需良性循环的前提下,深化国际投资经贸合作,推进跨境服务贸易和投资高水平开放,完善外资和数字产品的市场准入机制,实现国内国际双循环相互促进。

3. 社会层面

社会层面要继续深化体制改革,优化营商环境,形成新质生产力发展的制度优势。完善的制度环境可以激发企业与消费者个体的积极性,保证各企业、各行业、各区域之间的高效分配。通过健全市场经济的基本制度,如产权保护、市场准入、公平竞争、社会信用等,整治市场垄断和不正当竞争行为,形成与新质生产力发展相适应的生产关系,进而使新质生产力的形成和发展得到完善的制度保障。加强与企业的常态化沟通,创造市场化、法治化、国际化的营商环境,推动企业向绿色低碳高质量的生产方式转型,发展壮大绿色制造业、绿色能源产业等,建立绿色低碳的循环生态体系。

▶ 第二节　新质生产力对高等教育发展提出的新要求

作为高水平科技创新的源头和高素质劳动者培养的摇篮，高等教育在加快推进形成和发展新质生产力过程中发挥着重大作用。对于新时代的中国高等教育而言，如何顺应时代潮流，加快推动高水平科技创新，加速培养高素质新质人才，加紧孵化高净值新兴产业，既是新时代新理念赋予高等教育的重要使命，更是我国高等教育走向高质量发展的重大战略机遇，我国高等教育理应深刻把握新质生产力的深刻内涵与时代要求，直面新时代高质量发展带来的现实挑战与困境问题，勇于承担起高等教育在全面建成社会主义现代化强国和实现中华民族伟大复兴中的历史重任与重大使命，自觉投身到面向新质生产力的科技创新、人才培养、产业变革、生态重塑等伟大实践中。

一、新质生产力要求高等教育提升科技创新能力

新质生产力，作为当代生产力发展的最新形态与前沿趋势，不仅代表着生产力的未来发展方向，更深刻地体现了以科技创新为根本驱动力的核心特征。这一生产力形态以发展战略性新兴产业与未来产业作为其根本依托，将信息化、数字化、智能化、生态化作为发展的内在要求与基本准则，从而展现出高质量、高效率、低能耗、低碳化等一系列新质态的发展特征与优势。从历史唯物主义的视角审视，科学技术的发展水平及其在生产工艺中的应用程度，一直是决定劳动生产力水平的关键因素。这进一步证实了科学技术的持续进步与创新是推动生产力不断发展的根本动力。

在此背景下，高等教育作为国家科技创新体系的基石与核心支柱，其地位与作用愈发凸显。高等教育不仅是科技创新的策源地，更是推动科技创新不断前行的永动机与孵化器。面对新质生产力时代的深刻变革与迫切需求，加强原创性、颠覆性科技创新，攻克关键核心技术难题，加速实现高水平科技自立自强，已成为时代发展的必然要求。因此，高等学校作为科技创新的重要主体，必须积极响

应这一时代召唤，进一步提升自身的科技创新能力。

具体而言，高等学校需聚焦于国家战略的重点与难点领域，通过有效整合科技创新资源，加速推进核心技术攻关与突破。同时，高等学校还应不断深化与拓展基础研究、交叉研究、跨界研究与融合研究的广度与深度，致力于全面提升研究的原创性、综合性与系统性水平，从而为新质生产力的发展提供坚实的理论支撑与强大的技术赋能。

总之，在新质生产力时代背景下，高等学校科技创新能力的提升不仅是自身发展的内在需求，更是推动国家科技创新体系完善与生产力水平跃升的关键所在。

二、新质生产力要求高等教育提升人才培养质量

新质生产力的提出为落实新发展理念、构建新发展格局、促进高质量发展提供了重要抓手，为加快推动中国式现代化注入了强大动力，成为未来我国经济社会发展的重要引擎。但要推动新质生产力的发展，离不开其核心要素——作为主体的劳动者的人才。

人才是推动生产力迭代升级创新的关键力量，一种生产力是传统的还是现代的、是旧质的还是新质的，主要就是看掌握着生产工具的劳动者是如何看待其与世界的关系的。从这个意义上说，人才是加快形成和推动发展新质生产力的智力源泉和引领力量。

因此，高校要根据科技发展新趋势，优化高等学校学科设置、人才培养模式，为发展新质生产力、推动高质量发展培养急需人才。这就要求加快培养与新质生产力相适应、能够熟练使用新质生产工具并创造新质劳动对象的人才。

作为我国人才培养的主要阵地和主体力量，高等教育无疑在新质人才培养中发挥着重要作用。为此，我国高等教育应主动适应新质生产力的发展要求，基于新质产业链加快建设教育链，不断优化新质拔尖创新人才、新质技术技能型人才和新质后备人才在内的新质人才培养体系，加快人才自主培养步伐，全面提升人才培养质量，以更优质、更多元、更丰富的人才输出全面赋能新质生产力的发展。

三、新质生产力要求高等教育优化学科专业布局

新质生产力的形成与发展是一项系统工程，离不开政府、企业、学校、社会等方面的协同配合，但其基础是教育，特别是高等教育。同样，作为生产力变革的具体表现形式，产业的形成、发展、转型、升级、迭代等也与高等教育密切相关。一方面，一个国家或地区的产业结构和布局极大地影响着高等教育的学科专业结构及其布局，另一方面，高等教育的学科专业布局也对区域产业和经济社会发展产生着重要影响。

今天，要围绕发展新质生产力布局产业链，就是要以战略性新兴产业和未来产业为主要载体，加快改造提升传统产业，逐渐培育壮大新兴产业，积极布局建设未来产业，不断完善现代化产业体系。要实现这一目标，高等教育理应"紧贴产业升级，推动塑造自主可控、高效优质，更具引领性、融合性的发展新动能，提升对服务经济社会高质量发展的支撑力和贡献力"[1]。这就要求高等教育充分发挥龙头作用，围绕新质生产力发展的新要求与新定位，持续强化学科体系建设，厚植基础学科、新兴学科、交叉学科、融合学科的发展根基，努力实现学科专业的转型发展，既紧密聚焦战略性新兴学科和专业的布局、调整和优化，又积极谋划未来学科和专业的规划、设置与布局，还要加快做好传统学科和专业的新质改造、转化和转型，最终，"不断完善优势与特色、传统与新兴、应用与基础、综合与交叉相促进的学科总体布局"[2]。

四、新质生产力要求高等教育提升产教融合水平

新质生产力以新质人才为主体，以新质科技为特质，以新质产业为载体，从而在人才、科技与产业之间形成新质生产力运行的内在机制。高等教育既是新质科技创新的孵化器，又是新质人才培养的大本营，还是新质产业发展的重要支撑，因而在新质生产力发展中发挥着桥梁作用。但要发挥好这一作用，就离不开

---

[1] 李奕. 加快形成新质生产力的教育贡献——来自首都高等教育高质量发展的实践与启示 [J]. 国家教育行政学院学报, 2023 (10): 11.

[2] 张军. 为推动新质生产力加快发展贡献新时代高等教育力量 [J]. 红旗文稿, 2024 (5): 4.

产教融合，因为它的两端是产业体系与教育体系，是创新链、产业链、资金链、人才链深度融合的交汇点，是形成新质生产力的关键环节。

深化产教融合，促进教育链、人才链与产业链、创新链有机衔接，是当前推进人力资源供给侧结构性改革的迫切要求，对新形势下全面提高教育质量、扩大就业创业、推进经济转型升级、培育经济发展新动能具有重要意义。今天，在全面推进新质生产力的过程中，应以新质理念为指导，加速推进科技创新成果向先进生产力的转化与应用，特别是以教育链、创新链、人才链和产业链"四链"融合为依托，通过打造产业化平台、推进高教园区建设、孵化创新联合体等，探索校企联合培养模式，全面深化产教融合和科教融汇，持续提升产教融合的水平与质量。

▶ 第三节 高等教育服务发展新质生产力的要点分析

"高等教育是新质生产力的桥头堡、动力源与原发地"[①]，发展新质生产力，核心在创新，关键在人才，基础在教育，如何以教育改革推进科技创新，优化人才培养，在教育、科技、人才三位一体上形成良性循环，非常重要。

一、持续推动基础研究创新

在新质生产力蓬勃兴起的时代背景下，其核心动力源深植于基础科学研究的沃土之中。研究型大学与顶尖科研机构，作为知识创新与科技进步的策源地，承担着培育与发展新质生产力的关键使命。这些机构所进行的高水平基础研究，不仅是新科技诞生的摇篮，更是新质生产力形成的基石。因此，政府应加大支持力度，通过政策引导与资金投入，为基础研究提供稳定且充足的资源保障；同时，鼓励企业界以前瞻性视角进行超前投资，形成产学研深度融合的创新生态链。对于高等教育机构而言，需将基础研究的目标聚焦于新质生产力的培育与未来产业

---

① 龙宝新. 高等教育赋能新质生产力的核心机理与行动路径 [J]. 南京社会科学，2024（7）：122.

的塑造，确保研究活动紧密对接国家发展战略与经济社会需求，以创新驱动发展，引领未来趋势。

二、积极布局前沿研究工作

新质生产力作为先进生产力的新形态，其本质特征在于对新技术、新模式、新动能、新产业的深度整合与高效利用。面对这一挑战，高等教育体系，尤其是研究型大学，需展现出高度的前瞻性与战略眼光，积极投身于前沿研究的广阔天地。这要求高校不仅要深化传统学科领域的探索，更要勇于打破学科壁垒，大力推进交叉学科、融合学科、跨学科乃至超学科的研究实践，促进知识体系的深度融合与创新重组。通过构建开放协同的创新网络，汇聚全球智慧资源，站在科技发展的最前沿，致力于高水平原创性、颠覆性成果的产出，努力成为推动新质生产力发展的策源地与引领者。在此过程中，高等教育机构还需注重人才培养模式的创新，培养具备跨学科视野、创新思维与实践能力的高素质人才，为新质生产力的持续发展提供强大的人才支撑。

三、以创新人才培养推动科技创新

高等教育在服务科技创新进程中，其核心价值不仅直接体现于科研产出的原创性与突破性，更深刻地蕴含于通过培养具备新质特征的创新人才来间接推动科技的持续革新。为此，高等教育机构需深刻认识到自身在人才培养领域的独特使命与优势，致力于构建一套高效、灵活且具有前瞻性的创新人才培养体系。这一体系应紧密围绕新质生产力的核心要素与发展需求，强调跨学科知识的融合、创新思维与实践能力的培养，以及解决实际复杂问题的能力提升。同时，加强高等教育与产业界的深度融合，通过校企合作、实习实训、联合研发等多种模式，设计并实施更加贴近市场需求与未来趋势的创新人才培养方案，确保人才培养与科技创新的紧密对接与相互促进。

四、大力优化创新平台建设

创新平台作为科技创新的基石与孵化器，其建设质量与效率直接关系到新质生产力的释放与发展。因此，高等教育机构需将优化创新平台建设作为提升科技创新能力与服务社会经济发展的重要抓手。

一方面，应聚焦重大科技基础设施集群、高水平实验室建设集群以及国家级产业创新平台集群的打造，通过资源整合与优化配置，形成一批具有国际影响力的战略科技力量，为科技创新提供坚实的物质基础与技术支撑。

另一方面，需注重创新体系的动态塑造与持续完善，紧跟科技发展趋势与产业变革需求，灵活调整创新平台的布局与功能定位，促进不同创新主体之间的协同合作与资源共享，进一步整合建设重大创新平台，形成开放合作、高效协同的创新生态系统。在此过程中，还需强化政策引导与制度保障，为创新平台的可持续发展营造良好的外部环境与条件。

五、优化产业布局

在新质生产力迅速崛起的时代背景下，全球范围内正经历着一场深刻的产业变革，各国政府与企业纷纷加速布局，以期在这场变革中占据先机。高等教育作为知识创新与技术传播的重要阵地，其在优化产业布局、推动产业升级方面的作用愈发凸显。

（一）以产业布局为导向优化高等教育布局

高等教育机构应积极响应国家产业战略布局，主动调整与优化自身布局，确保教育资源与产业需求的高度契合。这要求高校在地理位置选择、专业设置、科研方向等方面，均需紧密围绕当地或国家重点发展的产业领域进行布局，以促进教育与产业的深度融合与协同发展。

（二）构建产业结构调整与学科专业结构调整的动态联动机制

高等教育机构应建立灵活的学科专业调整机制，确保学科设置与产业结构保持同步变化。通过定期评估产业发展趋势与人才需求，动态调整学科专业结构，增加新兴、交叉学科的比重，减少或优化传统学科的规模，以实现教育链与产业链的无缝对接。同时，加强与企业、行业协会等产业界的沟通与合作，共同制定人才培养方案，确保学生所学知识与市场需求高度匹配。

(三) 强化高教园区与科技园区的建设与管理

高教园区与科技园区作为高等教育与产业合作的重要平台，其建设与管理水平直接关系到新质生产力的生成与发展。因此，需加大对这些园区的投入力度，完善基础设施建设，提升服务水平，吸引更多高校、科研机构与企业入驻。同时，推动园区内各类创新主体之间的交流与合作，形成知识共享、技术创新的良好氛围，为新质生产力的孵化与成长提供有力支撑。

(四) 深化产学研协同创新，构建一体化合作平台

产学研协同创新是推动新质生产力发展的有效途径。高等教育机构应积极构建政产学研用一体化的合作平台，通过科研项目合作、共建实验室、联合培养研究生等多种方式，打破学术界与产业界之间的壁垒，促进知识、技术、人才等创新要素的自由流动与高效配置。在此基础上，加强政策引导与制度保障，完善利益分配与风险共担机制，激发各类创新主体的积极性与创造力，共同推动新质生产力的生成与发展。

▶ 第四节 面向新质生产力的高等教育发展挑战与应对

一、面向新质生产力高等教育发展的挑战

新质生产力给高等教育提出了新要求、新任务和新使命，有必要对我国高等教育发展的实际情况进行分析和审视，直面新质生产力带来的一系列挑战，有效发挥高等教育在推动新质生产力发展中的重要作用。

(一) 高等教育科技创新能力需要加强

当前，我国高校科技创新能力大幅提升，服务国家重大需求成效显著，在推

动创新型国家建设上取得重大成就。但面对新质生产力的发展要求，我国高等教育科技创新能力仍显不足，一方面，高校制度环境不佳束缚科技创新能力；另一方面，科技创新的投入产出效率低下。此外，还包括高校科技创新有效供给不足。凡此，都表明我国高等教育亟待完善与新质生产力相适应的科技创新体制。

（二）高等教育人才培养模式亟须完善

进入新时代，我国始终坚持高等教育内涵式发展，走人才自主培养之路，一方面大力推进高等教育的普及化进程，另一方面致力于拔尖创新人才培养，探索基础学科拔尖人才培养的"中国范式"，取得了骄人成绩。特别是在人才培养模式上通过"以本为本""四个回归""双万计划""四新建设""双高建设""慕课中国"等，逐步形成了高等教育人才培养的中国范式和中国方案，为推动经济社会高质量发展奠定了人才基础。

但今天，面对新质生产力时代对高层次、创新型、跨界整合型新质人才培养的要求，现有的高等教育人才培养模式还面临一些挑战，亟须优化与完善，具体包括：①目前一些高校仍以学科边界来统领人才培养，以致出现课程实施学科化、协同育人空心化等问题；②现有高等教育水平对新质人才培养的支撑供给不足；③高等教育在人才培养上不能及时回应市场和产业需求，这些方面显示出我国高等教育在人才培养上的滞后性。

（三）高等教育学科专业布局等待优化

学科专业是高等教育体系的核心支柱，是人才培养的基础平台，其结构和质量直接影响到高校人才培养的质量，也直接影响着高等教育服务经济社会高质量发展的能力。面对新质生产力的发展要求，我国高等教育的学科专业布局面临挑战：①高等教育资源的区域布局对新质生产力的供给支撑有限，如人口大省的高水平大学数量明显不足；②许多传统优势学科专业转型难度较大；③高校的学科专业版图在新质要素的流动与汇聚、新质空间的打造与运营、新质产业的发展和迭代中作用有限。

(四) 高等教育产教融合步伐有待加快

高等教育是新质人才培养与新质产业发展的重要中介和桥梁，要提升新质产业对新质人才的吸引力，加速新质人才向新质产业的流动，离不开高水平的产教融合和校企合作。尽管校企合作已经提出很长时间，其间也从教育的单向自发行为到资源的共建共享型合作，再到产业主导的产教联合体，我国在产教融合上已经走出一条未来发展之路。但我国产教融合的基础脆弱，合作不够紧密，转化效率也偏低，特别是在加快推进新质生产力发展的背景下，更需要积极审视其所面临的诸多挑战和问题，以便及时作出回应，不断为高质量的产教融合开辟道路。

二、面向新质生产力高等教育发展的应对

新质生产力既给我国高等教育提出了新命题、新定位与新要求，但也提出了新挑战、新任务与新使命。对此，我国高等教育有理由、有信心、有能力、有责任通过采取多种措施、做出多种回应、落实多项行动，以无负于时代、无负于人民、无负于国家的历史使命感圆满绘就这一高等教育的时代之策、发展之道和中国之案。

(一) 确立指导思想

我国高等教育应坚定不移地以习近平新时代中国特色社会主义思想为根本遵循，明确将高等教育强国的建设作为长远发展的指引方向。同时，高等教育应始终秉持办人民满意教育的宗旨，将内涵式发展作为核心驱动力，明确将发展新质生产力作为时代赋予的重要任务，并将实现中国式高等教育的现代化作为基本逻辑和最终目标。

(二) 制定政策导向

我国高等教育应紧密围绕新质生产力的发展需求，将其作为政策制定的核心导引。为此，国家应尽快出台一系列具有前瞻性和针对性的政策法规及相关配套措施，明确规划并引导高等教育资源向有利于新质生产力发展的方向倾斜。通过

这些政策保障，为高等教育的改革与发展提供坚实的制度支撑，确保其能够与新质生产力的时代要求紧密契合。

（三）明确战略重点

我国高等教育应紧密对接国家重大战略需求，心怀"国之大者"，勇于担当并托起"国之重业"。具体而言，高等教育应加快构建科技创新的策源高地，通过优化科研布局、强化基础研究、推动交叉学科创新等方式，不断提升科技创新能力和水平。同时，高等教育还应成为创新人才集聚的高地，通过改革人才培养模式、完善创新教育体系、打造一流师资队伍等措施，吸引和培养一大批具有创新精神和实践能力的高素质人才。此外，高等教育还应积极打造创新产业孵化的高地，通过加强产学研合作、推动科技成果转化、培育新兴产业集群等方式，为新质生产力的快速发展提供强有力的支撑和引领。

（四）协同体制机制

面对新质生产力的挑战与机遇，我国高等教育应构建一种"全国一盘棋"与"地方特色化"并重的双重体制框架。一方面，通过实施"举国体制"下的有组织的创新策略，促进跨地域、跨学科、跨行业的深度协作与资源共享，形成国家层面的创新合力与战略优势；另一方面，鼓励并支持地方根据自身资源禀赋、产业结构和发展需求，探索具有鲜明地域特色的科创"地域体制"，实现国家整体战略与地方发展实际的有机结合，形成上下联动、优势互补的创新生态体系。

（五）优化资金保障

财政投入作为支撑高等教育创新发展的重要基石，需进一步优化配置，确保资金的高效利用与精准投放。具体而言，应加大对原创性、颠覆性基础科学研究与应用性研究的财政支持力度，通过设立专项基金、增加科研经费投入、优化科研项目管理机制等措施，为科研工作者提供稳定且充足的资金支持。同时，积极引导社会资本参与高等教育创新，构建多元化、多层次的资金投入体系，支持建设一批具有国际竞争力的高水平创新平台，加速科技成果的转化与应用，为新质生产力的发展提供坚实的物质基础与人才支撑。此外，还应加大对战略性新兴产业人才和未来人才的培育力度，通过设立专项奖学金、资助留学项目、建立产学研合作基地等方式，吸引和培养更多具备创新精神和国际视野的高素质人才。

（六）精准资源配置

在新质生产力时代，资源的优化配置对于推动高等教育与科技创新的深度融合具有至关重要的作用。因此，应建立健全与新质生产力发展相适应的资源配置机制，优先保障科技、创新、教育、人才、生产和产业等关键要素的供给与配置。通过市场机制与政府调控相结合的方式，促进各类要素的自由流动与灵活组合，打破传统壁垒与界限，实现资源的高效整合与优化配置。同时，加强信息化建设与数据管理，利用大数据、云计算等现代信息技术手段，提升资源配置的精准度与效率，为高等教育创新提供强有力的信息支持与决策依据。在此基础上，持续推动新质生产力的迭变与升级，促进我国经济社会的全面发展与进步。

（七）重构学科专业体系

在新质生产力的驱动下，高等教育的学科专业体系需紧跟时代步伐，勇于探索并前瞻性地布局未来。具体而言，应大力鼓励、积极支持并持续推进战略性新兴学科的建设，这些学科紧密关联国家重大战略需求与未来科技发展趋势，如人工智能、量子信息、生物技术、新能源技术等，旨在为国家发展培育前沿领域的领军人才。同时，未来学科、数智学科作为引领未来科技革命的重要力量，亦应得到高度重视与优先发展，通过构建跨学科研究平台与课程体系，促进学生创新思维与跨界融合能力的培养。此外，交叉学科与融合学科的建设亦不容忽视，它们通过打破传统学科界限，促进不同学科领域的交叉融合，为解决复杂社会问题与推动科技进步提供新的视角与方法论。这一系列的学科专业建设举措，旨在为新质人才的培养开辟广阔道路，确保我国高等教育体系能够持续输出适应未来社会需求的复合型人才。

（八）完善全方位保障制度

为确保新质生产力发展的顺利推进，高等教育行政管理部门与各高校需共同构建起一套全面、系统的保障制度。

政治保障方面,应坚持党的领导,确保高等教育改革与发展的正确方向,为新质生产力的培育提供坚实的政治基础。

组织保障方面,需优化高等教育管理体系,强化各级教育行政部门的统筹协调职能,同时赋予高校更多自主权,激发其办学活力与创新动力。

物质保障方面,应加大对高等教育尤其是新质生产力相关领域的投入力度,改善办学条件,提升教学与科研设施水平。

人才保障方面,则需完善人才引进、培养、评价与激励机制,吸引并留住一批具有国际视野与创新能力的优秀人才。

文化保障方面,应积极营造鼓励创新、宽容失败的文化氛围,弘扬科学精神与人文精神,为新质生产力的孕育与发展提供肥沃的文化土壤。

以上这一系列的保障制度构建,将为我国高等教育在新质生产力时代的蓬勃发展提供坚实的支撑与保障。

参考文献

[1] 曾丽渲，邢鸿飞. 数字技术赋能高等教育现代化转型的内生困境与发展策略[J]. 江苏高教，2024（8）：71.

[2] 陈丽敏，黄雨，刘金平. 数字经济背景下高职创新创业教育改革与研究[J]. 教育教学论坛，2020（40）：356-357.

[3] 单鹰. 高等教育原理论[M]. 北京：教育科学出版社，2008.

[4] 党中华，翁政魁，毛杰，等. 基于生态圈的工业互联网产教融合共同体构建[J]. 高教学刊，2022，8（35）：53-58.

[5] 段世飞，钱跳跳. 数字时代高等教育国际化的空间建构及其风险治理[J]. 江苏高教，2024（5）：51-60.

[6] 段世飞，钱跳跳. 虚拟国际化：数字时代高等教育国际化的新路向[J]. 苏州大学学报（教育科学版），2024，12（2）：51-61.

[7] 何源，温兴琦. 国内外高校创新创业教育比较[J]. 科技创业月刊，2023，36（9）：149.

[8] 黄艳. 产教融合的研究与实践[M]. 北京：北京理工大学出版社，2019.

[9] 江晓晖，林倩茹. 高等教育数字化转型：现状、困境与突破路径[J]. 发展研究，2024，41（5）：65-70.

[10] 姜平波. 高校创新创业教育改革的现状审思与路径完善[J]. 安徽工业大学学报（社会科学版），2022，39（3）：103-107.

[11] 姜雄，李丰，曾莹莹. 产教融合视域下人才培养质量影响因素探究[J]. 职业技术，2022，21（3）：64-69.

[12] 焦勇，齐梅霞. 数字经济赋能新质生产力发展[J]. 经济与管理评论，2024，40（3）：17-30.

[13] 金秋. 数字经济视角下的大学生创新创业教育路径研究[J]. 辽宁经济，2022（2）：52-55.

[14] 李芳, 邢军, 孙晶, 等. 新形势下关于产教融合的实践模式探索 [J]. 科技风, 2024 (8): 64-66.

[15] 李奕. 加快形成新质生产力的教育贡献——来自首都高等教育高质量发展的实践与启示 [J]. 国家教育行政学院学报, 2023 (10): 11.

[16] 李媛媛, 刘洪基, 李睿. 高等教育评价的数字化转型: 逻辑、挑战与策略 [J]. 楚雄师范学院学报, 2024, 39 (2): 105-113.

[17] 廖文献. 数字经济时代职业院校创新创业教育体系建设 [J]. 继续教育研究, 2024 (8): 52.

[18] 刘海军, 殷于博, 赵球. 高等教育服务发展新质生产力的三个要点 [J]. 辽宁经济, 2024 (4): 11-13.

[19] 刘锦毓, 赵智兴. 高等教育数字化转型的现实困境与突破路径 [J]. 成都航空职业技术学院学报, 2023, 39 (2): 1-4.

[20] 龙宝新. 高等教育赋能新质生产力的核心机理与行动路径 [J]. 南京社会科学, 2024 (7): 122.

[21] 毛芳, 李正福. 我国高等教育数字教材发展的现状、问题与对策 [J]. 出版参考, 2023 (5): 11-16.

[22] 南钢. 面向新质生产力的中国高等教育: 挑战与应对 [J]. 山东高等教育, 2024 (3): 1-8+89.

[23] 任令涛. 数字技术赋能高等教育在地国际化的现实价值与逻辑向度 [J]. 现代教育管理, 2024 (2): 105-114.

[24] 申静. 数字经济视角下大学生创新创业教育路径研究 [J]. 科技经济市场, 2024 (1): 112-114.

[25] 石中英, 张宁. 高等教育国际化: 目标愿景、现实挑战与实践路径 [J]. 山东师范大学学报（社会科学版）, 2024, 69 (1): 54-62.

[26] 孙杨, 崔宏伟. 高等教育数字化转型实现路径研究 [J]. 华东科技, 2024 (2): 69-71.

[27] 田静双. 数字技术赋能高等教育教学模式变革研究 [J]. 黑龙江教师发展

学院学报，2023，42（11）：52-55.

[28] 王春. 数字经济时代下产教融合创新应用型人才培养研究［J］. 中国新通信，2022，24（11）：155-157.

[29] 王湘蓉. 数字经济时代基于产教融合的教学管理创新机制研究［J］. 太原城市职业技术学院学报，2023（12）：11-14.

[30] 王兴宇. 数字化转型与高等教育高质量发展：耦合逻辑与实现路径［J］. 社会科学战线，2023（1）：236-244.

[31] 王永培. 高等教育数字化转型中的云平台构建与应用［J］. 黑龙江教育（理论与实践），2023（11）：35-37.

[32] 王志彦. 对我国高等教育目的的思考［J］. 长春工业大学学报（高教研究版），2009（2）：4.

[33] 夏群，宋之帅. 高校创新创业教育生态系统高质量建设研究［J］. 常州工学院学报，2022，35（3）：81-85.

[34] 谢秀兰. 试论高校创新创业教育理念的守正创新［J］. 高教学刊，2019（4）：28.

[35] 徐政，邱世琛. 高等教育驱动新质生产力发展的深层逻辑与有效路径研究［J］. 教育学术月刊，2024（6）：96.

[36] 叶华. 数字经济背景下产教融合协同培养复合型人才策略研究［J］. 湖北开放职业学院学报，2023，36（17）：146-148.

[37] 战婷. 数字经济背景下的创新创业教育发展路径研究［J］. 创新创业理论研究与实践，2024，7（1）：138-140.

[38] 张军. 为推动新质生产力加快发展贡献新时代高等教育力量［J］. 红旗文稿，2024（5）：4.

[39] 张茂林，何浩冉. 智能化时代高等教育课程现代化：动因及路径［J］. 信阳师范学院学报（哲学社会科学版），2021，41（6）：67-73.

[40] 钟玉海. 高等教育学［M］. 合肥：合肥工业大学出版社，2009.

[41] 周凤. 基于OBE理念的应用型本科高校创新创业教育评价体系的构建与分

析[J]. 渭南师范学院学报，2022，37（7）：37.

[42] 左崇良. 高等教育的数字化转型与关键流程[J]. 科技智囊，2024（2）：62-68.

[43] 左佳. 数字经济时代工商管理人才创新创业教育改革的探索与实践[J]. 环渤海经济瞭望，2023（12）：164-167.